解读夫子庙

编　　著	陈宁骏	欣　辰		
图片整理	孙水晶	杜仁华	林秀平	衣兰杰
摄　　影	沈　旻	陶德琳	张映红	孙志中
	陈　力	王　亮	任　为	梁　鑫
	林秀平			

东南大学出版社
·南京·

图书在版编目(CIP)数据

解读夫子庙 / 陈宁骏，欣辰编著. —南京：
东南大学出版社，2016.1
 ISBN 978-7-5641-6334-1

Ⅰ.①解… Ⅱ.①陈…②欣… Ⅲ.①孔庙-
介绍-南京市 Ⅳ.①K928.75

中国版本图书馆 CIP 数据核字(2016)第 017271 号

东南大学出版社出版发行
(南京四牌楼2号 邮编210096)
出版人：江建中
江苏省新华书店经销　南京玉河印刷厂印刷
开本：960mm×652mm　1/16　印张：14.5　字数：258千字
2016年1月第1版　2016年1月第1次印刷
ISBN 978-7-5641-6334-1
定价：35.00元

(本社图书若有印装质量问题，请直接与营销部门联系。电话：025-83791830)

目 录

1. 夫子庙范围到底有多大(代序) …… 1
2. 东吴"天发神谶碑" …… 4
3. 最早的名门望族 …… 6
4. 书法"二王" …… 9
5. "桃叶渡"里的爱情悲歌 …… 11
6. 利涉桥 …… 14
7. 青溪小姑 …… 17
8. 李白淮清桥"捉月" …… 20
9. 王昌龄宴饮处 …… 23
10. 杜枚《泊秦淮》 …… 25
11. "韩熙载夜宴图"与金陵画院 …… 27
12. 北宋初建孔庙 …… 30
13. 王安石"叹门外楼头" …… 33
14. 秦桧与玉兔泉 …… 35
15. 南宋初建建康府贡院 …… 37
16. 文天祥题写明德堂 …… 39
17. 元代的第一次科考 …… 41
18. 张铉编纂《至正金陵新志》 …… 43
19. 瞻园沧桑 …… 46
20. 白鹭洲公园 …… 50
21. 明朝"南北榜疑案" …… 52
22. 明朝贡院的基本格局 …… 55
23. 明远楼 …… 58
24. 魁星亭 …… 61
25. 贡院街上众像生 …… 64
26. 吴敬梓撰写《儒林外史》 …… 67

27	明初秦淮开妓	69
28	钞库街	71
29	明末四公子	74
30	秦淮八艳	77
31	李香君故居	83
32	说书艺侠柳敬亭	86
33	李渔迁居金陵闸	88
34	顺治丁酉科场案	90
35	康熙辛卯科场案	92
36	《红楼梦》里的"夫子庙"印迹	95
37	秦大士题写"东南第一学"	98
38	林则徐改革乡试	100
39	傅善祥从政东王府	103
40	曾国藩重修孔庙	106
41	秦淮"复兴"	110
42	薛时雨题写"停艇听笛"	113
43	曾国荃秦淮"钓鱼"	115
44	闲话夫子庙街巷	117
45	江南贡院规模为全国之冠	121
46	秦淮河房	126
47	端午节赛龙舟	130
48	文德桥的栏杆"靠不住"	133
49	陈独秀参加乡试	136
50	秦淮新风	138
51	整肃歌女	140
52	秦淮画舫	143
53	桨声灯影里的秦淮河	146
54	黄包车	150
55	南方曲艺中心	153
56	算命先生	155
57	夫子庙茶楼	158
58	京苏大菜	161

59	"六华春"的那些常客	164
60	秦淮特色美食	167
61	夫子庙小吃	170
62	鸭都	173
63	林森爱逛古玩店	176
64	古玩店里门道多	178
65	于右任"大集成"收义女	181
66	首都大戏院	183
67	夫子庙邮政局	185
68	宪兵司令部	187
69	民国妓女的新生	190
70	复建后的孔庙	192
71	复建后的学宫	198
72	尊经阁	202
73	《孔子问礼图》碑的来历	205
74	夫子庙的佳联雅对	208
75	秦淮花灯	212
76	民间工艺	216
77	夫子庙周边的主要景点	219

后 记 …… 223

1 夫子庙范围到底有多大（代序）

我们所说的"夫子庙"，一般有狭义和广义两个概念。

狭义夫子庙，仅指祭祀孔夫子的孔庙，又称为文庙。广义夫子庙，则以孔庙为核心，一般是指东至龙蟠路、西临中华路、北达建康路、南抵长乐路的范围，也就是现在的夫子庙景区，这个范围尽括老南京的经济文化繁华地带，也是老居民世代家居之地。为便于区别，本书特将狭义夫子庙称为孔庙。

南京的孔庙，位于南京市内秦淮河北岸，与吉林文庙、曲阜孔庙、北京孔庙并称为中国四大文庙。南京历经战火，孔庙几毁几建，抗战结束时已全部毁坏，至1985年才得以修复。孔庙面南背北，其轴线与内秦淮河垂直相交，构成夫子庙的主体框架，其相交区域为景区核心。孔庙、学宫与江南贡院是夫子庙三大古建筑群。

说到夫子庙，就必须提到秦淮河。秦淮河是南京的"母亲河"，全长110公里，流经南京城又分流为内河与外河。外河成为明朝城墙的护城河，内河从东水关至西水关全长4.2公里，故又称"十里秦淮"，南京人所称的秦淮河，一般指的就是内河。这个区域文化底蕴深厚，也是狭义夫子庙的文化延伸。夫子庙与内秦淮河在此交汇、融合，两者紧密联系，形成以夫子庙为核心，"十里秦淮"为轴线，以儒家思想、科举文化以及民俗文化为内涵的秦淮风光带。

南京夫子庙历史悠久、古迹众多、文化深厚、商业繁荣，千百年来驰名中外，举世闻名，与上海城隍庙、苏州玄妙观和北京天桥并称为全国四大闹市。但在"文革"结束后，十里秦淮昔日繁荣景象早已不复存在。随着孔庙的修复，其周边商店、餐馆、小吃店门面都改建成明清风格，临河的贡院街一带建成古色古香的旅游文化商业街，夫子庙建筑群修旧如故，既恢复了旧观，又展现了新容。

解读夫子庙

夫子庙景区全景图(秦淮区委宣传部提供)

秦淮风光带经过修复及扩容,1990年入选为中国旅游胜地四十佳之列。现在的秦淮风光带,恢复了明末清初江南街市商肆风貌,形成以夫子庙为中心,包括东水关、白鹭洲、瞻园、中华门、西水关、明城墙(秦淮段)及外侧护城河和沿河楼阁等景观,面积近5平方公里,集古迹、园林、画舫、市街、楼阁和民俗民风于一体,还有诱人的秦淮夜市和金陵灯会、民俗名胜、地方风味小吃等,使中外游客为之陶醉。2000年被评为国家第一批4A级景区。2012年,夫子庙景区晋升为5A级旅游景区,是中国著名的游览胜地。

2015年在孔庙举行祭孔典礼

外地人到南京,一般都要到夫子庙去看看,似乎不到夫子庙,就没到过南京一样。的确,夫子庙充满着浓浓的"南京味"!对于身在外地的南京人来说,夫子庙则是浓浓的乡愁,牵扯着悠悠的思绪。"夫子庙"三个字,似乎还有范围更广、底蕴更深的内涵,在许多人眼里"夫子庙"就是"老南京"的代名词,代表着"六朝古都"历史文脉。

那么,夫子庙地区是何时开始繁华的呢?

2 东吴"天发神谶碑"

229年,孙权迁都南京,所建都城北抵覆舟、鸡笼二山,南门则在淮海路一带。夫子庙地区在当时只能算为"郊区",是守城部队营房所在地,因当时军士都穿着黑色制服,故有以"乌衣"而得巷名,也就是沿用至今的乌衣巷。

三国末年,蜀国已经灭亡,司马昭的儿子司马炎废魏王,建立晋朝,并扩张疆土。东吴偏居江南,危在旦夕,但东吴末帝孙皓却信赖奸臣,生活奢靡,不在政治军事上富民强国,竟想出用些巫术、占卜等手段来支撑这占据一方的小朝廷。

据载,276年,有人在吴郡的临平湖边得到一块石函,中间有一块青白色的小石头,长四寸,宽两寸,上面刻有"吴主作皇帝"的字样。于是东吴后主孙皓改年号为"天玺",并立石碑以记载四代吴主的功德,这就是"天发神谶碑"。

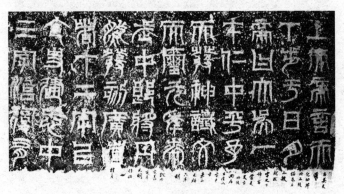

"天发神谶碑"宋拓本

"天发神谶碑"碑文荒诞不已,上有"上天帝言""天发神谶""永归大吴"等等,落款为"吴天玺元年七月己酉"。据传碑文是华核所编、黄象所书。黄象是我国三国时期著名的书法家,存世遗迹多为隶书、章草，"天发神谶碑"碑文非篆非隶，被称为"垂露篆"，是我国书法史上少有的由篆书向隶书转变时期的文字，存世极少。

"天发神谶碑"并没能改变东吴颓败的国运。才定"天册"年号的孙皓又改年号为"天玺元年"，在位16年便换了8个年号，这一切都未能改变东吴灭亡的命运。公元280年，东吴被晋所灭。

"天发神谶碑"原来立于南京城南天禧寺，也就是在现在的大报恩寺遗址附近，石刻为圆幢形，文字环刻。石碑在东晋时断为三段，故名"三段碑"。此碑上段21行，中段17行，下段10行，总存二百余字。

北宋孔庙建成后，北宋大儒胡宗师将碑移至转运司后圃筹思亭，明朝又移至江宁府学尊经阁，历代都受到较好保护，原石上先后刻有胡宗师、石豫、耿定向、翁方纲题跋。1805年3月，校官毛藻在孔庙印刷《玉海》，不慎失火，"天发神谶碑"被毁，残片埋于卫山之下。

"天发神谶碑"流传拓本很少，最早的宋拓本现藏于故宫博物院。南京总统府煦园内的"天发神谶碑"，是清两江总督端方根据宋拓本重新模勒精刻而成。笔者曾在《解密

复制的"天发神谶碑"，置于卫山脚下

总统府》书中撰文《煦园"三段碑"缺一何处寻》，不排除端方刻碑只分为两块的可能，特此说明。

3 最早的名门望族

夫子庙地区最早的名门望族,当属东晋时期的王、谢两大豪门,这两大家族就住在乌衣巷。

王导出身于魏晋名门琅琊王氏,为西晋光禄大夫王览之孙,并得以世袭爵位。王导与当时的琅琊王司马睿素来友善,全力辅佐,并成为司马睿登基的功臣。307年,司马睿听从王导建议,出镇建业(后改建康)。王导相随南渡,联络南方士族,为在原东吴境内建立以北方士族为骨干的东晋新朝,终使吴地之人望风顺附,百姓归心。王导成为南北士族的首领。318年,司马睿开创东晋登基皇位,任王导为骠骑大将军、仪同三司等职,封武冈侯,位极人臣。

王导像

谢安也出身于名门世家,却不想凭借显赫家世去获取高官厚禄,而是隐居会稽郡的东山,与王羲之、许询、支道林等名士名僧频繁交游。"东山再起"后,任吴兴太守、吏部尚书、中护军、尚书仆射,总领吏部事务,后与尚书令王彪之一起执掌朝政。377年,朝廷加谢安为司徒,在淝水之战中立下奇功,声望达到了顶点。谢安的侄子谢玄,是东晋时期军事家,有经国才略,善于治军,早年为大司马桓温部将。

420年,刘裕代晋称帝,建立刘宋,当时前朝东晋的封爵中只有王导、谢安、温峤、谢玄与陶侃子孙的爵位未被废除。王导爵位始兴郡公被降封为始兴县公,谢安爵位庐陵郡公被降封为柴桑县公,

谢安像

食邑均为一千户。王、谢家族开始由盛而衰。王、谢两大家族兴盛时,贤才众多,皆居于乌衣巷中,冠盖簪缨,为六朝大族。到了唐朝,则皆败落到不知迁居何处了。

唐代诗人刘禹锡题有《乌衣巷》一诗:朱雀桥边野草花,乌衣巷口夕阳斜;旧时王谢堂前燕,飞入寻常百姓家。诗人通过对夕阳野草、燕子易主的描述,在感叹王谢旧居荡然无存的同时,也隐喻着对豪门望族的嘲讽和警告。此诗影响甚大,王、谢两家后来合居,宋代就有"王谢故居"之称,并建来燕堂。

"金陵四十八景"中的"来燕名堂",指的就是"来燕堂"。今已复建,堂匾系当代著名书法家沙曼翁书写,以隶体杂汉简,笔锋遒劲有力,象征着六朝时期"王谢大宅"的风范。"来燕"取自当年谢安以燕传信的故事,大堂正中竖立着一尊王羲之铜像。毛泽东对刘禹锡的《乌衣巷》感触颇深,并手书此诗,现已制成碑刻置于巷口。

乌衣巷内的古井

东晋时期乌衣巷的具体位置及规模现无从考证,现在的民居小巷应只是其中一段。1997年,秦淮区人民政府根据史料,结合实际道路情况,在原址附近恢复了乌衣巷,重建王谢故居作为王导谢安纪念馆。纪念馆的主体建筑为来燕堂和鉴晋楼,另附有王谢家族陈列、六朝历史和文化艺术陈列、淝水之战半景画室、东晋起居陈列室、六朝书画、雕塑厅、洛神赋壁画厅等。楼堂外的墙壁上,饰以竹林七贤图、对狮图、行乐图等砖印壁画,庭中又建有仿兰亭

金陵四十八景之"来燕名堂"

的曲水流觞渠。

乌衣巷长约百米,保留了一眼民间古井,并特请诗书界名流撰写了记文、楹联。乌衣巷口有副对联:一巷月朦胧欲问乌衣何处去;万家春旖旎且看紫燕此间来。古居大门对联为:归燕几番来作客;鸣筝何处伴随云。两副对联书写者均为我国当代书法家言恭达。

王、谢两大家族在此聚居,名人辈出,两家除名臣、名将外,谢家还有才女谢道蕴、山水诗祖谢灵运、大诗人谢朓等,王家则以王氏父子书法家最为有名。

王导谢安纪念馆大门

书法"二王"

王羲之,字逸少,原籍山东琅琊(今属临沂),居会稽山阴(浙江绍兴)。王羲之的二叔濮阳太守王廙(yì)多才多艺,善作文,工书画,会音乐、射御、博弈、杂技,以书法最知名,是王羲之的启蒙老师。王廙听说琅琊王及王氏家族南渡,遂丢弃官职,带着老母和家族人南奔渡江。幼年王羲之和母亲、哥哥,还有三叔王彬,也就随王廙来到南京。

王羲之像

由于王氏家族势力强盛,一度控制了东晋朝政,所以有"王与马,共天下"之说,王羲之自然也得到了家族中诸位长辈很好的关照。他幼时不爱说话,但堂叔王敦却夸他说:"汝是吾家佳弟子。"长大后,堂叔王导让他"坦腹东床",被太尉郗鉴看中,把女儿郗鉴嫁给了他。王羲之成为了"东床快婿"。

王羲之对书法勤学苦练,甚至走在路上,坐在椅上,还揣摩着名家书法的架势,手指也不停地画着字形,时间一久,连自己的衣襟都被划破了。天长日久,王羲之腕力劲足,写出字来笔锋带力,真可以说是力透纸背。有一次他去看望一个朋友,碰巧友人不在,他在茶几上写了几个字就走了。后来这家人用力擦也擦不净,用水洗也洗不清。几天后,有人发现木板上三分深的地方还渗透有墨迹。因此后来人们都说王羲之的字"入木三分"。

王羲之对子女的书法要求严格。王献之是王羲之的第七个儿子,自幼聪明好学,在书法上专攻草书、隶书,七八岁时始学书法,师承父亲。有一次,王羲之看献之正聚精会神地练习书法,便悄悄走到背后,突然伸手去抽献之手中的毛笔,献之握笔很牢,没被抽掉。父亲很高兴,夸赞道:"此儿后当复有大名。"还有一次,王羲之的一位朋友让献之在扇子上写字,献之挥笔便写,突然笔落扇上,把字污染了,小献之灵机一动,一只小牛栩栩如生于扇面上。众人对献之书法、绘画赞不绝口,小献之滋长了骄傲情绪。

小献之问母亲:"我要写多少年才能赶上父亲?"母亲说:"写完院里这18缸水,你的字才会有筋有骨,有血有肉,才会站得直立得稳。"献之一回头,原来父亲站在了他的背后。王献之心中不服,啥都没说,一咬牙又练了5年,把一大堆写好的字给父亲看,希望听到几句表扬的话。谁知,王羲之一张张掀过,一个劲地摇头。掀到一个"大"字,父亲现出了较满意的表情,随手在"大"字下加了一个点,然后把字稿全部退还给献之。

王献之像

小献之不服,将全部习字给母亲看,并说:"请您仔细看看,我和父亲的字有什么不一样?"母亲果然认真地看了3天,最后指着王羲之在"大"字下加的那个点儿,叹了口气说:"吾儿磨尽三缸水,惟有一点似羲之。"

"太"字碑

王献之知道了差距,从此锲而不舍,刻苦练字,在书法上突飞猛进。其字后来也到了力透纸背、炉火纯青的程度,终成书法大家。王羲之与王献之父子同为中国书法史上的重量级人物,被人们称为"二王"。

王羲之的岳父郗鉴也是书法世家,小舅子郗愔(yīn)的字原先比王羲之写得还好,但后被王羲之超出。唐太宗非常喜欢王羲之的书法,收藏了很多王羲之的书法作品,并令大臣们学习其书法。据传唐太宗死后将所收藏的王羲之书法全部一起陪葬,这也是现存王羲之真迹甚少的原因。

现在,平江桥至桃叶渡的秦淮河北堤岸,镌刻有王氏父子的书法作品。但最为人们所津津乐道的却是王献之与爱妾桃叶在桃叶渡的浪漫恋情。

"桃叶渡"里的爱情悲歌

秦淮河与古青溪水道合流处西北的渡口,原名南浦渡,后来有一个美丽的名字——桃叶渡。关于"桃叶渡"名称的由来,有两个说法。一是民间传说在东晋时的南京,秦淮河的两岸边栽满了桃树,撑船的艄公望着那满河浮泛的桃叶,笑谓之桃叶渡。第二个传说流传较广:东晋书法家王献之有个爱妾叫"桃叶",她每往来秦淮两岸,因为当时的河道较现在宽许多,水流也急,王献之总是放心不下,常常亲自在渡口迎送,并为之作了《桃叶歌》,久而久之,南浦渡也就被称呼为桃叶渡了。

"桃叶渡"承载了古代男女的浪漫恋情。王献之的《桃叶歌》,其一为:"桃叶映红花,无风自婀娜。春花映何限,感郎独采我。"其二为:"桃叶复桃叶,桃树连桃根。相怜两乐事,独使我殷勤。"其三为:"桃叶复桃叶,渡江不待橹。风波了无常,没命江南渡。"其四为:"桃叶复桃叶,渡江不用楫。但渡无所苦,我自来迎接。"好个

金陵四十八景之"桃渡临流"

"桃叶复桃叶"！吟诵此诗,能感受到当时的郎情妾意,可以想象出当时王献之对爱妾的绵绵情意。但是,王献之最钟情、最爱的并非桃叶,而是原配夫人郗道茂。

郗道茂是王献之的初恋情人,两人是表兄妹。王献之对美丽娴静的表妹倾心已久,到了该结婚的年纪,就赶紧央求父亲去郗家求婚。王家是豪门大族,郗家是当时冉冉升起的新贵,两家联姻,门当户对,亲上加亲,且符合家族的政治利益。于是双方一拍即合,一段好姻缘就成了。

王献之和郗道茂婚后不久,双方父母相继去世。夫妻两人相互扶持,共济患难,情真意重,志趣相投。王献之宦情淡泊,狂傲不羁,热衷于书画艺术,钟情碧水秀山之间,郗道茂一直相伴左右,夫唱妇随,两情洽洽,唯一的遗憾就是爱女夭折,后无所出。王献之长相帅气,举止潇洒,又极富才情,是当时的"超级男神",虽是已婚,仍是许多女性心仪的偶像,其中还有一位竟是新安公主司马道福。

新安公主的前夫桓济因为篡夺兵权,事发被贬。新安公主于

"古桃叶渡"牌坊

是坚决要求与桓济离婚,并自作主张看上了王献之。王献之已有家室,公主是不能做小妾的。皇帝面对任性的公主,亲自出面,要王献之休掉郗道茂,再娶新安公主。

王献之深爱郗道茂,为拒婚用艾草烧伤自己双脚,落下后半生足疾,行动不便。不料新安公主铁定了心,当即表态,哪怕王献之两条腿都瘸了,自己也非嫁他不可。最终,在重重压力下,王献之只好休了郗道茂,然后娶了公主。

王献之天性淳厚,娶了公主之后,宦途顺利,日子虽过得还可以,但总觉得愧对前妻。在给前妻的《奉对帖》里表白"真是怀念和你在一起的那些日子"的心境。被横刀夺爱的郗道茂离婚后再未他嫁,生活凄凉,郁郁而终。

王献之得知前妻去世后,情绪低落,一次去金陵踏青,偶然买到一块古砚台,到了三月三,他又捧了砚台去当地,不料一个17岁纯净少女见之曰:"这是我家砚台呀!"王献之问之,才知那美少女叫桃叶,因家贫将祖传砚台出卖。王献之为之题诗:"三月桃花里外红,黄蜂采蜜在花中,两人来看池中水,不知何时再相逢?"又到三月三,王献之又到金陵赏玩春色,一少女投水,救之,正是桃叶。桃叶家贫无路可走,王献之纳其为妾,写了不少诗歌大秀与其恩爱。据清人张通之在《金陵四十八景题泳》之"桃叶临渡":"桃根桃叶皆王妾,此渡名惟桃叶留,同是偏房犹侧重,秦臣无怪一穰侯。"可见,桃叶还有妹妹桃根,两人同为王献之的小妾。

桃叶的出现无疑给王献之的老年生活带来了一丝欢乐,但这远远不足以抵消王献之心中的痛苦与愧疚。另外,王献之与新安公主生有一女,13岁时嫁给痴呆皇帝司马德宗,这也是王献之难去的一块心病。

王献之年老重病在身,家中请来道士祈求神灵除病消灾。道士问王献之:你一生中有什么过失?王献之这样回答:"不觉有余事,唯忆与郗家女离婚!"王献之在吐露了后悔与郗道茂离婚的心声后不久,也结束了郁郁内疚的后半生。透过桃叶渡的浪漫情爱,我们不难感受到那令人感伤的"爱情悲歌"。

"桃叶渡"声名鹊起,成为夫子庙地区知名渡口。

6　利　涉　桥

关于"桃叶渡"的具体位置,主要有两种说法。一是据清康熙年间《江宁府志》云:"桃叶渡在秦淮上,今文德桥北(渡新设石桥)以通往来"。二是据清乾隆年间《江南通志》云:"桃叶渡在江宁县秦淮青溪合流处,王献之爱妾名桃叶,渡名因此,今为利涉桥。"

两种说法不一,又据《儒林外史》中《金陵景物图诗＊桃叶渡》诗前小序可知,桃叶渡"今为利涉桥"之说更为可靠。关于利涉桥的记载有不少,关于这座桥的典故也不少。

从王献之的《桃叶歌》中,我们可以得知古时河水的湍急,河渡的危险。这种"风波了无常,没命江南渡"的危险状况延续了千年,

金陵四十八景之"青溪九曲"

直到清代顺治年间,有个南京孝陵卫人金云甫迁居于此,看见渡口非常拥挤,并常有船翻人溺而亡的惨事发生,于1646年在这里捐资建了一座木桥。太守李正茂大赞此举,取便利交通涉水之意,亲自题名"利涉桥"。利涉桥旁的"玉壶坊",原名"御河坊",为明武宗南巡时的观灯处。

文正桥

1662年,李正茂改木桥为石桥,招来了一些人的非议,"风水先生"认为,此桥破坏风水,从此南京就出不了状元、进士了。石桥

"南浦烟柳"牌坊及王献之像

新建的桃叶桥

不久被拆除。但后来在老百姓的一再要求下,官府只得重新建了木桥,并在桥边建"金公祠",以纪念首倡建桥的金云甫。其后,利涉桥多次修复。秦淮河的文德桥至利涉桥段,在民国时期是秦淮画舫的黄金水道。

  人们走在木桥上虽摇摇晃晃的,但毕竟还是方便两岸通行。建国后,南京城内的小火车不再使用,就将利涉桥附近的铁路桥(即文正桥)改为人行桥,利涉桥也就没有了存在的必要,于是就将它拆除了。自从这座桥拆除后,它就渐渐地走出了人们的记忆,现在只有一些从小就生活在附近的老人才可能知道这座桥。

  本世纪初,桃叶渡扩建为遗址公园,临河立一石牌坊,横书"古桃叶渡",正面两侧楹联为"细柳夹岸生,桃花渡口红,"背面为"楫摇秦代水,枝带晋时风",联出自明代女诗人纪维映《桃叶渡》诗句。河另一侧的岸边,有一座石牌坊,横书"烟柳南浦",下有王献之像。

  利涉桥现已不在,桃叶渡边新建了桃叶桥。桃叶渡口失去摆渡作用,只留下几块石碑和几片枯黄的落叶,让后人回味千年前的浪漫。"桃叶渡"周边,不但颇多古迹,还有个南京版"倩女幽魂"的传说。

7 青溪小姑

青溪发源于钟山,在桃叶渡与秦淮内河交汇,形成夫子庙东部的主要水系。钟山又名蒋山,系因东汉末期广陵的秣陵尉蒋子文而名。蒋子文在作战时受伤而死,吴孙权在钟山为他立庙。青溪小姑是蒋子文之三妹,据《江宁府志》记载:"尝遇难,蒋子文妹挟两女投清溪中死。"

中国民间传说中的水神往往由溺死之人充任,蒋三妹带着两个女儿投青溪而死,因此也被祀为神,名曰"青溪小姑",后人曲中有"小姑所居,独处无郎"语,"小姑独处"的成语即出于此。南京民间对于青溪小姑充满着同情和惋惜。

青溪开凿于241年,原名"东渠"。孙吴定都建业以后,建太初宫于城东北。其都城西有长江,北有后湖,南有秦淮之险,唯东为平岗,无险可守,乃凿渠以为要隘,名东渠。遇有战事,则置栅为固。古人将黄道附近的星空,按东南西北、春夏秋冬,分为"四象":东方苍龙(青龙),南方朱雀,西方白虎,北方玄武。所以,东渠又称

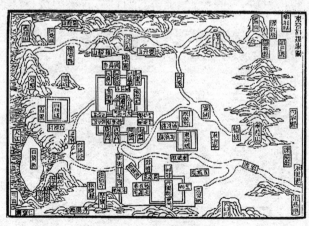

东晋都建康图

为青溪。古青溪阔五丈、深八尺,波流浩渺,连绵十里。古时青溪绝非现在的涓涓细流。

传说南朝刘宋元嘉年间,会稽人赵文韶在南京任"东宫扶传"之类小官,住在青溪中桥附近。一天,他秋夜步月,因久别故乡,怅然思归,于是歌唱抒情。他那情真意切的思乡曲,惊动了青溪小姑,遂前来相访,互相对歌传意。"旧幕风吹,叶落依枝。丹心寸意,愁君未知。"一曲青溪小姑歌,留传至今。两人分别时互赠信物留念。第二天,赵文韶偶然路过青溪小姑祠时,发现自己的赠物竟在神案上,再看青溪小姑塑像,竟与昨夜对歌相许之人长得一模一样,才知道自己遇到了神仙。这南京版的"人神恋情"故事流传至今。

五代杨吴筑城时,引溪水为城濠,水流被切断,城外之水尽入城濠,城内河道则大多湮塞。明朝朱元璋填前湖筑明故宫,青溪之水内外俱绝。青溪可分为三段,上段为紫金山明孝陵以西之水,汇于前湖,自半山寺后水闸入城,变为明宫城之护城河,经后宰门向西北流,合天堡山南麓之水,至竺桥入杨吴城濠中段现已淤塞,它西南流经西华门、五老桥、寿星桥、常府桥、太平桥、校尉桥、史桥、钱厂桥,迤逦九曲入秦淮。这一段虽早已淤塞,从水塘沟道以及有关桥名、地名上,仍可寻到它的踪迹。第三段为青溪下游,自内桥往东,经界平桥、四象桥、淮青桥入内秦淮,这一段至今尚存。青溪上有东门桥、尹桥、鸡鸣桥、募土桥、把首桥、青溪中桥、青溪大桥七

青溪小姑塑像

座桥梁。"青溪九曲"为金陵四十八景之一。

清代甘熙《白下琐言》记南京祭俗云:"祠祀所在,祭祀者多不近理,如……蒋公庙祭祀蒋子文,后殿有女像,其妹小姑也。俗讹为织女,又称为云机娘,机匠祀之。"说明南京机匠所奉之神为青溪小姑,后被讹传为织女。现在沿内秦淮至东水关的北岸刻有"青溪小姑"雕像,似乎在讲述着她的美好传说。

夫子庙从六朝起便是南京的"富人区",商贾云集,文人荟萃,儒学鼎盛,素有"十里秦淮""六朝金粉"之誉。乌衣巷、朱雀街、桃叶渡等处,都是当时豪门望族所居。"桃叶渡"成为许多文人墨客叹古怀今、抒情吟诵之地。李白就在桃叶渡北的淮清桥留下"捉月而死"的传说。

8 李白淮清桥"捉月"

隋朝建立后,隋文帝刻意压制南京的政治地位,一把大火烧掉"废都",毁坏六朝宫阙。在经历六朝繁盛之后,南京的行政一再降低,一代帝都变成了"六代豪华春去也"的小城。南京在隋唐时期虽是一个普通的地方城市,但山水形胜的自然风光和跌宕起伏的六朝旧事,却依然吸引着大诗人的到来。唐代大诗人李白多次到过南京,游历夫子庙,不但留下诗篇,也留下了传说。

725年,25岁的李白初到南京,进城不久,就听见一阵如行云流水般的琴声,还伴随着娇柔的歌唱。原来一位少女正在唱江南民歌。风华正茂的李白觉得那琴声并不老练,却透出一种天真烂漫的纯情,不由得满心欢喜,就推门而入,向少女倾吐爱慕之心。这位少女名叫金陵子,被李白火一般的激情所感动,接受了李白的追求。

李白像

李白诗兴大发,写下《示金陵子》:金陵城东谁家子,窃听琴声碧窗里。落叶一片天上来,随人直渡西江水。楚歌吴语娇不成,似能无能最有情。谢公正要东山妓,携手林泉处处行。不料金陵子看了诗后说:"公子以谢安自比,可知谢安有力挽狂澜的超人才智,并不仅仅只会携妓漫游的。"李白大喜说:"我以天下为己任,自然仰慕这位先贤。"从此两人山盟海誓,情投意合。

此后十七年间,李白多次到过金陵。秀丽的江南景色,优美的南京民歌,对其创作产生了深刻的影响。他在城南长干里听到委婉幽怨的西曲歌,被深深地感动了,写下两首《长干行》,其中"同居长干里,两小无嫌猜"流传至今,也是成语"两小无猜"的出处。

李白42岁应诏入长安供奉翰林,不久遭到谗毁,被"赐金放还",再度漫游各地,747年后大部分时间住在金陵。李白与友人泛舟秦淮,以诗文稿相托,后编为《李翰林集》。李白在《留别金陵诸公》诗中,有"六代更霸王,遗迹见都城。至今秦淮间,礼乐秀群英"的诗句。

755年,爆发安史之乱,黄河中下游的地主阶级仓皇南奔,李白写了一篇《为宋中丞请都金陵表》,建议把国都迁到金陵。李白大大夸赞了南京"地称天险""六代皇居,无福斯在",并建议把国都建立于此。李白发此言论的时候,正值安史之乱末期,李氏王朝飘零,李白因此投靠了永王李璘,准备中兴李唐。

李白很艳羡东晋文人之风,他的仙游诗和文章中也屡屡提到"中间小谢又清发""脚著谢公屐"等等,就是想毕生追求"王谢风骨"。也正因为如此,李白对南京才有独特的情愫。

李白嗜酒如命,被称为"诗仙",酒是激发李白创作灵感的"妙药",也是令他产生幻觉的"迷药"。在南京民间流传着李白"捉月而亡"的故事,传说李白有次醉酒后,看见秦淮河中月圆如璧,遂从淮清桥跳下河去捉月而死。淮清桥,又名淮青桥,系因位于秦淮河与青溪交汇处而名。历史上的秦淮河与青溪,河道宽绰,自五代吴王杨行密在长干桥一带筑石头城以后,河道开始变窄。

位于平江桥下的李白塑像

关于李白"捉月"的地点,也有传说是在文德桥附近,后人建"得月台"以示纪念。闻一多的长篇叙事诗《李白之死》,对李白投水捉月和明月的迷人景色作了生动形象的描写:月儿初还在池下丝丝柳影后窥看,像沐罢的美人在玻璃窗口晾发一般;于今却已姗姗移步出来,来到池西,池波一皱,又惹动了娴静的微笑。李白死于夫子庙尚有待考证,但他"捉月"之事,倒是完全符合其性格的。

李白在南京写下许多诗篇,《金陵城西楼月下吟》《入朝曲》《金陵酒肆留别》《金陵三首》《劳劳亭歌》《杨叛儿》《登梅岗望金陵赠族侄高座寺僧中孚》等中有不少名句流传至今。但是《登金陵凤凰台》"三山半落青天外,二水中分白鹭洲"中的"白鹭洲"指的却并非夫子庙的白鹭洲。

李白好酒,他在南京都喝了些什么酒呢?他在《寄韦南陵冰余江上乘兴访之遇寻颜尚书笑有此赠》一诗中写道:"堂上三千珠履客,瓮中百斛金陵春。"这是李白在对友人说:"你家有三千名脚穿珠履的门客,更让我动心的,是你家酒瓮中还有百斛金陵春。"唐代人喜欢以"春"来给酒命名,当时南京有名的地产酒还有"绣春""堂都春""留春"等品种,但名气最大的还是"金陵春"。当时,距夫子庙不远的门西就有许多酒坊。

唐代诗人似乎都好饮酒,李白还常与一位出任南京地方官员的诗人在夫子庙秦淮河边宴饮,这位官员就是有"诗家夫子王江宁"之称的王昌龄。

9 王昌龄宴饮处

王昌龄生于698年,字少伯,727年中进士,官场沉浮,740年任江宁丞,与南京有着十分密切的关系。其诗作气势雄浑,手法细腻,缜密而思清,为古今七绝圣手,时称"诗家天子王江宁",故而有不少人误以为其籍贯南京。

王昌龄生于北方,是盛唐著名边塞诗人,与李白、高适、王维、王之涣、岑参等交厚。王昌龄被贬为龙标(今湖南省黔阳县)尉时,李白正流放夜郎,两人在贬途相见,沦落相怜,感慨万千。王昌龄写有《巴陵送李十二》诗,李白则以《闻王昌龄左迁龙标遥有此寄》诗相赠。

740年,王昌龄从北方南下往南京赴任,途经襄阳时专程拜访著名诗人孟浩然。

王昌龄像

当时孟浩然患疽病,已养病多日快痊愈了,两人相见恨晚,孟浩然可能是吃了些许海鲜而痈疽复发,竟因此而死,这令王昌龄后悔不已。赴任途中,岑参也写有《送王大昌龄赴江宁》诗相送,王昌龄亦有诗留别。与李白、孟浩然、岑参这样当时第一流的诗人相见,对王昌龄来说,自是一大乐事,只可惜与孟浩然一见,竟成永诀。

清代文人陈文述有《青溪访王龙标故居》诗云:"盛唐诗格压南朝,少伯风流久寂寥,我向青溪宫畔过,扬花明月忆龙标。紫裘换酒兴翩翩,花月春江醉欲眠,一样才人工乐府,当时只有李青莲。"陈文述在诗中将王昌龄比作李白,推崇备至。诗中的青溪,即王昌龄隐居的夫子庙的淮清桥、桃叶渡一带。

与许多诗人一样,王昌龄好饮酒交友。他常在住处秦淮河畔及白鹭洲一带宴请来访好友,以尽地主之谊。

王昌龄去世后,挚友常建寻其故居,思念故友,作《宿王昌龄隐居》云:"青溪深不测,隐处惟孤云,松际露微月,清光犹为君。茅亭宿花影,药院滋苔纹,余亦谢时去,西山鸾鹤群。"茅亭花影、药院苔纹,一片伤感!

临河的王昌龄夜饮处,确为饮酒会友佳处

位于夫子庙的王昌龄故居,建筑早已无存,具体位置及周边景物可见于一些诗句之中。清乾隆年间,王友亮在《王少伯故居在青溪》一诗中云:"龙标故宅无寻处,行偏青溪碧水隈,料得吟魂犹恋此,松风稷稷月中来。"

2012年初,根据史料记载及夫子庙景区整体布局,在大石坝街与平江府交会的东南角复建了"王昌龄宴饮处"。临溪而建的"王昌龄宴饮处"与"李白邀月"雕塑仅隔东园桥相望,在此顿足,可以感受到唐代诗人潇洒飘逸的脱俗情怀。

唐代许多诗人都到过南京,游过秦淮,杜牧的《夜秦淮》至今仍脍炙人口。

10 杜枚《泊秦淮》

杜牧生于803年,字牧之,号樊川居士,是宰相杜佑之孙,杜从郁之子。杜枚26岁中进士,授弘文馆校书郎,后赴江西观察使幕,转淮南节度使幕,又入观察使幕,理人国史馆修撰,膳部、比部、司勋员外郎,黄州、池州、睦州刺史等职。杜牧的诗歌以七言绝句著称,内容以咏史抒怀为主,其诗英发俊爽,多切经世之物,在晚唐成就颇高。杜牧人称"小杜",以别于"大杜"杜甫,与李商隐并称"小李杜"。

杜牧才华出众,风流倜傥,有时不拘小节,受到政治排挤,迁官外放。833年春,杜牧由宣州赴扬州,"予过金陵"后作诗"若到上元怀古去,谢安坟下与沉吟",表留念之情;848年,杜枚"戊辰年向金陵过"。

杜牧像

杜枚是在失落的背景下来到古都南京的,当时的秦淮河两岸是达官贵人们享乐游宴、奢靡生活的场所。杜牧夜泊于此,眼见灯红酒绿,耳闻淫歌艳曲,触景生情,感慨万千,写下了这首著名的《泊秦淮》:烟笼寒水月笼沙,夜泊秦淮近酒家。商女不知亡国恨,隔江犹唱后庭花。

杜牧对当时百孔千疮的唐王朝表示忧虑,他看到的不只是眼前的歌舞升平,更看到统治集团的腐朽昏庸,看到藩镇的拥兵自固,看到边患的频繁,深感社会危机四伏,为唐王朝前景担忧。这种忧时伤世的思想,促使他写下了许多具有现实意义的诗篇。《泊秦淮》这首诗把对秦淮美景的抒写与对时局的深沉感慨结合了起来,借烟月迷茫的秦淮之景,感叹前朝亡国之音,借此对晚唐社会上的腐败奢侈、醉生梦死的奢靡之风予以讽刺,提醒统治者莫忘前车之鉴。杜牧同时还写下《江南春》:"千里莺啼绿映红,水村山郭酒旗风;南朝四百八十寺,多少楼台烟雨中。"

杜牧还写过一首《清明》:"清明时节雨纷纷,路上行人欲断魂。借问酒家何处有?牧童遥指杏花村。"由于作者没有明确具体位置,以致安徽贵池、山西汾阳、湖北麻城等地各执一词,纷争"杏花村"。其实,《清明》与《泊秦淮》《江南春》诗意相承,后两首是对《清明》的延伸与注释,而距夫子庙不远的门西酒家杏花村,毗邻李白等人常饮酒的凤凰台,因此,《清明》诗中的杏花村,当在南京!

金陵四十八景之"杏村沽酒"

唐朝的灭亡,并没有毁灭夫子庙的繁华,但后朝的统治者并没有真正总结前朝兴衰的原因。

11 "韩熙载夜宴图"与金陵画院

唐朝后期及五代十国时期,群雄割据,偏居江南的南唐定都南京,都城较六朝时期南移至中华路一线。夫子庙毗邻宫城,再现繁盛。从南唐画师顾闳中《韩熙载夜宴图》中,可以领略到当时的政治、文化氛围。

此画卷主角韩熙载是五代时北海人,926年后唐进士,后南奔归吴,文章书画,名震一时。937年,李昪(biàn)建南唐称帝,韩熙载因父亲被诛,投顺南唐,被授以秘书郎之职,掌太子东宫文翰。李昪对韩熙载告诫道:"卿虽然早登科场,但却未经世事,所以命你任职于州县,今日重用卿,希望能善自修饬,辅佐我儿。"韩熙载在东宫七年,每日与太子李璟谈天说地,论文作诗。

943年,太子李璟即位,韩熙载受到重用,但因不知官场"规则",引来朝中大臣忌恨,其仕途充满坎坷,一度被贬。后主李煜继位后,当时北方的宋朝威胁着南唐的安全,李煜一方面向北宋屈辱求和,一方面又对北方来的官员百般猜疑、陷害,整个南唐统治集团内斗争激化,朝不保夕。

李煜对韩熙载有拜相之意,也心存戒虑,就派画院的"待诏"到他家里去,暗地窥探韩熙载的活动,命令他们把所看到的一切

韩熙载像

如实地画下来交给他看。经过官场沉浮的韩熙载当然明白画师的来意,更是一番沉湎歌舞、醉生梦死的"表演"。但是,我们不难从画卷中看出韩熙载在欢宴时心情沉重的表情。电影《夜宴》就是取材于此。

关于韩熙载纵情声色、躲避拜相的真正原因,众说纷纭。一般认为韩熙载为避免南唐后主李煜的猜疑,用声色为韬晦之所,以求

《韩熙载夜宴图》中的听奏部分

自保,故意装扮成生活上腐败、醉生梦死的糊涂人,每夜歌宴宏开,与宾客纵情嬉游。970年,69岁的韩熙载"高寿"去世,后主李煜非常痛惜,予以厚葬。

《韩熙载夜宴图》分为听奏、击鼓、休息、赏乐、散席五个折叠,将夜宴生活的情景描绘得淋漓尽致,画中40多个人物,神态各异,性格突出,神情自然,栩栩如生,成功地刻画了主人公的复杂心境,是中国十大传世名画之一。该画作者顾闳中是后主时期,南唐画院待诏,其工画人物,用笔圆劲,间以方笔转折,设色浓丽,善于描摹神情意态。

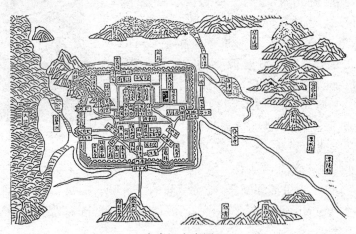

南唐江宁府图

当时,与顾闳中一起接受任务的还有周文矩。顾、周两人均供职南唐画院。南唐画院由后主李煜创建，系宫廷画院，几乎汇集了当时的所有画坛名流，开创了中国的画院体制。除顾闳中的《韩熙载夜宴图》外，周文矩的《重屏会棋图》、王齐翰的《挑耳图》均为传世名作，王齐翰、赵翰、徐熙等人均为南京人氏。据推测，南唐画院很有可能就在夫子庙一带。遵循现意，我们从中不难想象，在夫子庙的歌舞升平之中，暗藏的政治动荡。

周文矩的《重屏会棋图》

君臣之间猜疑，关系如此紧张，南唐的国运可想而知。975年，赵匡胤三路并进，攻克南京。出乎李煜意料的是南唐文臣武将无一投降，而他自己投降后终被毒死。南唐画院的画家们大多随李煜到了开封，为宋代画坛增色不少。

12 北宋初建孔庙

337年,东晋采纳丞相王导提出的"建明学校,阐扬六艺",在秦淮河北岸建有太学。南唐时在镇淮桥北建有学宫。秦淮河岸学风初成。975年,北宋从北方一路南下,占领江南,如何凝聚人心、加强统治是当务之急,修建孔庙,强化儒学教育不失为有效良策。

孔子生前颠沛流离,死后却逐渐受到历代帝王推崇。公元前478年,也就是孔子死后第二年,鲁哀公将其故宅改建为庙。此后历代帝王不断加封孔子,在各地新建庙宇,并加以祭拜。汉武帝罢黜百家、独尊儒术后,出现县县有孔庙的盛况,孔庙逐渐演变成封建朝廷祭祀孔子的礼制庙宇。唐初除了在国都的最高学府国子监修建"周公、孔子庙各一所"外,皇帝又下诏"州、县皆立孔子庙"。儒学成为官方的意识形态。

宋代结束了近百年的分裂格局,建立了以官僚地主阶级为支柱的专制主义中央集权制,以儒家的纲常伦理强化对百姓的思想

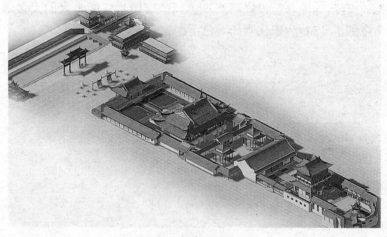

孔庙学宫建筑群模型

统治，开始在全国各地修建孔庙。

孔庙规模布局一般以曲阜孔庙为范本。曲阜孔庙格局为皇宫之制，前后九进贯穿在一条南北中轴线上，左右作对称排列。整个建筑群包括五殿、一阁、一坛、两庑、两堂、17座碑亭，四周围以高墙，配以门坊、角楼。黄瓦红垣，雕梁画栋，碑碣如林，古木参天。以南北为中轴，分左、中、右三路，一般为当地祠庙建筑的典范。孔庙前三进是引导性庭院。第四进以后庭院，建筑雄伟，黄瓦、红墙、绿树，交相辉映。孔庙内一般有金声玉振坊、棂星门、圣时门、壁水桥、弘道门、大中门、奎文阁、大成门、大成殿。大成殿为主体建筑，供奉孔子像。庙门前建有下马牌，官员及庶人均不得任意通行。

1034年，即北宋景祐元年，南京孔庙就东晋学宫旧址扩建而成。孔庙前有泮池照壁，学宫后有卫山，前有照，后有靠，风水极佳。孔庙前的秦淮内河并非完全的东西走向，而是由东北向西南而行，孔庙轴线与秦淮内河垂直，因而大门面向东南。孔庙于1199年重建，其后几毁几建。

南京建孔庙后，文教中心逐渐演变成繁华闹市，商贾云集、美

学宫场景

食美景、秦淮灯火、歌舞升平,成为具有南京特色的"清明上河图",也给夫子庙带来了持续繁华。

古时立学必祀奉孔子,所以孔庙附于学,和国学、府(州)学、县学联为一体。学宫建筑形制并不像孔庙那样规定严格,多与孔庙相邻而建,孔庙与学宫统称泮宫,南京孔庙后建有学宫,连同沿袭唐代的科考,都是科举制度的产物。1139年,孔庙学宫称为建康府学,1275年改称(元)集庆路学,明初改为国子学,1381年改为应天府学,清代改为上元、江宁两县县学,咸丰年间毁于太平天国兵火。

孔庙里最重要的活动当属祭孔,规格不断升级。孔子被唐玄宗封为"文宣王"后,祀孔升为中祀,祭孔活动逐代升格,宋代扶摇直上,元代加封孔子尊号为"大成至圣文宣王",孔子之后袭封衍圣公,天下郡学书院皆修孔庙以时祀之。明代改称孔子为"至圣先师",崇祀有加,达帝王规格。清代更是登峰造极,京师及各省、府、州、县均设孔庙,数量受到一定限制。孔庙数量虽不及关帝庙(武庙),但在规模格局上却要规范。

清朝每年都要举行两次大型祭祀孔子的仪式,即仲春上旬丁日和仲秋上旬丁日的上丁祭祀,简称"丁祀"。祭孔仪式也随之愈来愈完备而隆重,作为"国之大典",曲阜祭孔由皇家操办,各地孔庙祭孔均由地方行政长官主持,规模宏大,耗资必巨。中央政府所在地及各地方政府也都在学校中祭孔,祭孔成为全国性的重要活动。

南京孔庙、学宫建成后不久,就有一位思想家、政治家、文学家、改革家光临,他就是北宋丞相王安石。

13 王安石"叹门外楼头"

王安石生于1021年,字介甫,号半山,汉族,江西人。19岁开始在孔庙学宫学习,手不释卷,孜孜以求,是学宫的优等学生。1042年进士及第,历任扬州签判、鄞县知县、舒州通判等职,政绩显著。"天变不足畏,祖宗不足法,人言不足恤"反映了他的一生追求。

1069年至1085年间,王安石两度拜相,主持变法。变法以发展生产、富国强兵、挽救政治危机为目的,以"理财""整军"为中心,涉及政治、经济、军事、社会、文化各个方面,充实政府财政,提高国防力量。因为对封建地主阶级和大商人非法渔利进行了打击和限制,所以受到大地主阶级等守旧派的坚决反对。

王安石像

王安石在进行政治、经济和军事体制改革的同时,也主张改革科举制度、整顿太学、唯才用人,把科举的立足点放在选拔具有经纶济世之志和真才实学的天平上,实行分上、中、下三班不同程度进行教学的太学三舍法制度。以学校的平日考核来取代科举考试,太学生成绩优异者不经过科举考试可直接为官,重视对中下级官员的提拔和任用,使许多低级官员和下层士大夫得到发挥才干的机会。

王安石变法阻力重重,与另一位同列"唐宋八大家"之一的苏轼因政见不同而产生矛盾。王安石三任江宁知府,并且多次来到南京孔庙考察,在乌衣巷作《桂枝香·金陵怀古》,其中有"叹门外楼头,悲恨相续。千古凭高,对此漫嗟荣辱"之句。据说,苏东坡读到这首词后感叹:此老乃野狐精也!

关于王、苏两人交恶的原因,主要还是政见相左。据《至正金陵新志》记载,王安石的学生吕惠卿、李定嫉妒苏轼才华,经常在王安石那里说苏轼坏话,李定后来从苏轼的诗文中截取字句,诬告苏轼谤讪时政,反对变法,将苏轼入监,制造了著名的"乌台诗案"。

其实,就私谊而言,这两位名士还是心怀天下、坦荡待人的。1084年,被贬后的苏轼离开黄州,奉诏赴汝州就任,途经南京时专门拜访蛰居南京的王安石。两人纵论时政,苏轼对王安石说:"大兴兵事、大兴牢狱,这是汉唐灭亡的征兆。大宋以仁厚治理天下,就是要革新弊政。而现在,朝廷在西部对西夏用兵,在东南部大兴牢狱之灾。您怎么可以不说一句话,不去制止?"王安石说:"大兴兵事和大兴牢狱都是吕惠卿做的,我已不在朝廷中枢,怎么好乱说?"苏轼说:"您说得对!在朝廷中枢,理当进言尽责,不在则不需进言,这是忠诚于朝廷的通行做法。但朝廷以非常的礼遇对待您,您怎么可以只以一般的忠诚对待朝廷呢?"王安石心中的英雄气喷薄而出,大声说道:"我一定会进言!"

王安石在南京的住处半山园

由此可见王、苏两人的政治胸怀。《至正金陵新志》称这一番对谈,为苏轼"经行金陵事迹之最伟者也"。1085年,宋神宗去世,王安石退居南京(时称江宁)。1086年,保守派得势,新法皆废,王安石在南京病逝。

1093年,北宋恢复祖宗旧制,后虽重新起用变法派,但统治集团内部的斗争更加激烈,新法已成为各派系倾轧的工具。从此北宋王朝进入了党争的泥沼,终至疆土被侵,被逼南迁至江南一隅,并且还出现了一位奸臣,这个奸臣还在南京孔庙学宫里做过学生。

14 秦桧与玉兔泉

按照"前庙后学"的规制,南京孔庙后的学宫,是当时的"名校",相当于现在的重点中学。奸臣秦桧,也是这所名校的学生,可见思想品德教育的重要。

据《至正金陵新志》记载,秦桧祖居南京江宁,其父兄均为进士,其在孔庙学宫学习时,有一天晚上看见一只白兔跑入地中,就与人挖掘,挖到深一丈处时,发现泉眼,泉水清澈涌出。待秦桧考上状元后,派人在此开凿造井,并亲自题写篆书"玉兔泉"。

秦桧当权时,老百姓对他恨之入骨,皆欲食其肉、寝其皮,民间"炸油条"就是源于"油炸桧"。秦桧的哥哥秦梓对其所为也很不满,举家搬迁,移徙溧阳。

秦桧的儿孙们倒是沾了老子不少光。秦桧的儿子秦嬉举进士第一,以秘书少监领修国史,实际上就是给秦桧当秘书。秦桧的孙子秦埙,考试时与南宋著名词人张孝祥同科,由于秦桧的精心安排,秦埙前试皆第一,张孝祥只列第七。至殿试时,

秦桧像

张孝祥妙笔生花,对答如流,擢为榜首,夺得状元,秦埙则降为第三。

秦桧死后,时人称其墓为"秽墓"。据载,秦桧在夫子庙住过的巷子因其中过状元而名为秦状元巷,也被人们将"秦"字去掉,而改称"状元境"。秦桧的后人许多都改姓为笔画正好的"徐"。

秦桧虽为奸臣,但其后人中也有忠烈之士。秦桧的曾孙秦钜为蕲州通判,为抵抗来犯金人,拼尽全力,面对金兵破城,仍坚持巷战,最后自焚而亡,秦钜的两个儿子也都随父尽忠。

明代开国功臣刘伯温曾专门撰写《玉兔泉》一文,为玉兔泉辩

修整一新的玉兔泉

冤:"松死为蛆,泉洁自如;我作铭诗,众惑斯祛。呜呼泉乎!终古弗渝。"意思是说,秦桧虽是奸臣,但不能牵连"玉兔泉"受冤。

据载,玉兔泉位于孔庙与学宫之间院落的东南部。1984年复建孔庙时发现这口玉兔泉井,但因故直到2009年才得以恢复。现在,人们可以通过这口水井,感受古时学子饮泉井场景。

秦桧的臭名不但玷污了"玉兔泉",其后人也均羞于认其为祖。

南宋初建建康府贡院

贡院伴随"科举制度"最早出现在唐玄宗开元年间,是省试的管理机构和考试场所。进入宋朝,随着参加科举考试的士子不断增多,到南宋孝宗时期,州郡创建贡院才开始逐渐普遍。

1168年,建康知府史正志建造建康府贡院,选址位于南京夫子庙学宫东侧。由于当时只是建康府、县学的考试场所,因此其规模还不大,只有房屋110间,应考人数亦不多。若遇考生增多时,则借用僧寺举行考试。据记载,当时建康府贡院面秦淮,接青溪,远挹方山,气象雄秀。

1191年,建康府知府余端礼"以贡院湫隘,修而广之"。江东

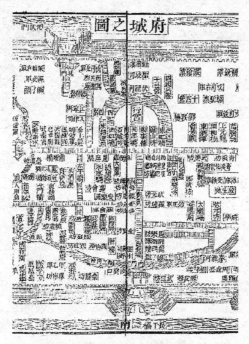

《景定建康志》中的建康府城图

转运副使杨万里为此撰写了一篇《重修贡院记》,其中描写了贡院的布局与规制:"考官有舍,揖士有堂。爰廊四庑,爰拱二掖。可案可几,可研可席。堂之北墺,中闌以南,前后仞墙,内外有闲。自闌之表,缄封之司,写书之官,是正之员,左次右局,不看不并。"从这段文字可以看出,虽然规模还不算大,但贡院内的房屋设置基本格局已经形成:官员有办公场所,考生有应试考场,内帘区、外帘区之间砌筑有垣墙,相互隔离开来。

南宋时期,江南因有长江屏障避免了战火的蹂躏,保持了自南北朝开始的经济与文化发展的强劲势头,到了南宋末年,江南也成为当时中国政治文化的中心区域。

宋代科举场景

元朝消灭南宋后,最初没有沿用科举制度。元朝统治者将全国各族人士分为贵贱四等:第一等为蒙古人;次之为色目人,即西域及中亚民族;第三等为汉人;第四等为南人,即南宋统治下的江南汉人及西南少数民族。

蒙古贵族有着自己的一套选才、用人制度,后虽勉强实行科举,但仍存民族歧视。在考试内容方面,对汉人、南人的要求均高于前两等,汉族儒生想通过科举考试入仕相当困难,因此"崇武贬文"是元朝普遍现象。当时有"一官、二吏、三僧、四道、五医、六工、七猎、八娼、九儒、十丐"的说法,读书人竟列于娼妓之后,使得广大汉族学子纷纷弃文从武,以致一时"天下习儒者少"。

16 文天祥题写明德堂

南京的孔庙学宫还有独特之处。全国各地孔庙学宫的正殿叫"明伦堂",而南京的却称为"明德堂",这与南宋丞相文天祥有关。文天祥生于1236年,南宋宝祐年间进士,也是由南京贡院而入仕途,官至丞相,封信国公。南宋末期,元军大举南下,文天祥在家乡招集义军,率军奋力抵抗元兵的入侵。

1276年,文天祥到元营议和被拘,得到老百姓救援后迂回到南京(时称建康),正好赶上建康学府正在整修"明伦堂",人们便再三邀请文天祥题写"明伦堂"的匾额。盛情难却,文天祥答应了。

题匾的那天,文天祥泰然自若地来到堂前,挽起长袖,挥挥手腕,抓起大楷羊毫,可再一看,觉得还是有些小,他愣了一下,看到一个来看热闹的老头儿手里拿着一把刚买来的刷锅用的小笤把,便借了过来。只见他将小笤把饱蘸了墨汁,挥"笔"疾书,写了三个大字,字字雄厚刚健、锋芒毕露。

文天祥像

现场观者纷纷赞赏,但立刻有人发现,文天祥竟然把"明伦堂"的"伦"字写成"德"了。文天祥解释说:"德就是忠信,忠于国家,取信于民。文天祥生不能救国,死亦为鬼雄,雪九庙之耻,复高祖之业,誓不与侵略者同生。故改伦为德。"文天祥以此提醒人们,要注重实际,不要空谈"伦理",却不讲"道德"。这样一来,建康学府的"明伦堂"上,就一直挂的是"明德堂"的匾额了。

抗元英雄文天祥,写下流芳后世的《过零丁洋》,其中"人生自古谁无死,留取丹心照汗青"千古流芳。文天祥被捕后,押解北上路过南京时,不免感到一阵凄凉寂寞,难以成眠,他写下:"伴人无

"明德堂"匾额

寐，应是秦淮孤月。"还留下一首《金陵驿》："草合离宫转夕晖，孤云飘泊复何依？山河风景原无异，城郭人民半已非。满地芦花和我老，旧家燕子傍谁飞。从今别却江南路，化作啼鹃带血归。"表达了永离故国乡土的沉痛心情。1283年，文天祥从容就义。

据说清同治年间，曾国藩攻下天京（南京）后，趁着学府重修之际，想自己重新题匾，把"明德堂"改回为"明伦堂"。不过，当他得知"明德堂"几个字为文天祥手书，也就作罢了。现在的"明德堂"匾额是文天祥手迹。

南京孔庙，不但留有奸臣秦桧的典故，也存有忠臣文天祥的印迹。

元代的第一次科考

元朝初定中原、江南，统治者初期废除科举，南京（时称建康）府贡院一度成为管理丝织工匠的东织染局，这是为皇帝皇后服务、织造华丽服装的机构。据考，东织染局在武定桥至贡院一带，管辖工匠达3 000多人，织机有154台，年产缎匹4 500多段，生丝11 500多两，可见规模之大。

作为世界上横跨欧亚疆域的最大帝国，元朝统治者信服的是战马和刀箭等武力。但随着疆域的扩大和统治的需要，民族之间的文化开始融合与同化。蒙古的胜利者在占领"暖风吹得游人醉"的江南之后，开始歇下马来，渐渐改变旧习，纷纷"舍弓马而习诗书"，投师汉族名儒，求学问道。

元代的科举恢复几经起伏。1238年，元朝试诸道之士；1267年，翰林学士王鹗请行选举法，元世祖下诏中书省与

元仁宗孛儿只斤·爱育黎拔力八达像

翰林院商议选举程序；1269年，立国子学；1273年，真金太子奉旨行科举；1274年，省臣议定科举程序；1284年，多臣请设科举，罢免诗赋，重视经学，科举制度始定；1313年，定科举程序，次月，下诏施行科举。

1315年，在立国的第45个年头，元朝吸取汉人的儒家教化，举行了第一次乡试。1315年第一次开科取士，护都答儿、张起岩分别为左、右榜状元。黄溍、杨载、欧阳玄等赐进士及第。之所以设状元左、右榜，主要也是为平衡蒙汉关系。

当时还很年轻的图帖睦尔，是元武宗的次子，被封怀王，居于建康、江陵等地，因为长期生活在江南，精通汉语，能书画诗文，并

留意招揽诗人李孝光、书画家柯九思等江南文士。汉、蒙矛盾有所缓解。

元仁宗于1311年至1320年在位,是元朝第五位皇帝,在位10年期间,推行忽必烈的"汉法"政策,开始实行科举考试,使民族矛盾有所缓和,可以说是元朝历代皇帝中难得一见的有为之君。

崛起于漠北的元朝统治者入主中原后相当长一段时间仍"质朴少文",对那些喜欢以"诗、词、歌、赋夸示于人"而又不懂经世之术的知识分子尤其不重视,这就无形之中断了那些诗人、词人们的一条晋升之路,使得他们转向文学,尤其是元曲、杂剧等的创作,这种失落遂演化成了感情色彩极浓的"儒不如娼"的牢骚,和元曲中的嬉笑怒骂。

学宫教学图

元朝的第一位科举汉族状元张起岩

后来,科举制度再次成为元代统治者选拔人才的一种手段,不过当时的选拔与现在的高考完全不同,每三年才举办一次开科取士,直到被明所灭,其间数度废除。元代共开科16榜,仅录取进士1 139人,平均每榜录取71人,这在数量上大大低于宋代科举,同时科举出身者也未能成为官僚体系的主体,因此元代科举的地位十分低微。

18 张铉编纂《至正金陵新志》

元代，汉族知识分子地位较低，虽然出过不少元曲作家，但在史学研究方面人数却不多。张铉能够编纂《至正金陵新志》，还得先从元文宗重视文化说起。元文宗图帖睦尔是元朝第八位皇帝，两次在位，共计四年。元朝当时宫廷政局并不稳定，贵族统治集团内部矛盾尖锐。

图帖睦尔即位前曾被流放至海南琼州，后被封为怀王。南京可以说是元文宗的福地，终在宫廷政变中被迎入京城即位大统。文宗即位后，重视文治，为文化的发展作出了很大的贡献。他在位期间，创建奎章阁，编修《经世大典》，为研究元朝的历史提供了一笔宝贵的财富。

元文宗孛儿只斤·图帖睦尔像

元代石碑在南京仅存三块，均在孔庙。《封四氏碑》刻于 1331 年，记载了元文宗诏示，加封颜回、曾参、孔伋、孟轲为四亚圣之事；《封至圣夫人碑》刻于 1331 年，记载元文宗颁旨加封孔子之妻为至圣夫人之事；《集庆孔子庙碑》刻于 1330 年，碑文为 1309 年重建孔庙时由卢挚撰写，主要讲述元武宗提出"以兴学作士为政"，及孔庙毁、建历史。

这三块石块均是文宗在位期间所刻，体现出元朝最高统治者开始尊重汉族文化，重视发展文化事业了。时任集庆路学的张铉，也就是在这个大环境下编纂《至正金陵新志》的。此时已是元朝末期了。

张铉，字用鼎，生卒时间不详，陕西人，长期在南京任教集庆路学。元集庆路学曾于天历年间修《集庆路续志》，但未加详审。

1343年，也就是至正三年，集庆路总管府聘张铉入局，续补《景定建康志》，年底撰成。书首有序，修志文移，修志本末，引用书目。

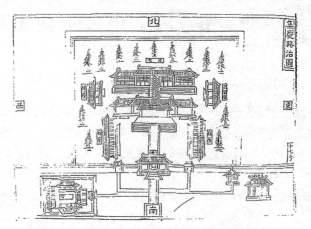

《至正金陵新志》中的集庆路治图

正文分地理图考、通纪、世年表、疆域志、山川志、官守志、田赋志、民俗志、学校志、兵防志、祠祀志、古迹志、人物志、摭遗、论辩、体例等17门，篇目大体沿袭《景定建康志》。此外，还广为辑录各种文献，尤以丰富的元代南京地方史料最为珍贵。该志本末明晰，考订较精，无芜杂附会之病，书中关于元代官制、兵制的记载具有史料价值。初刻本今存，书成后定为《至正金陵新志》。

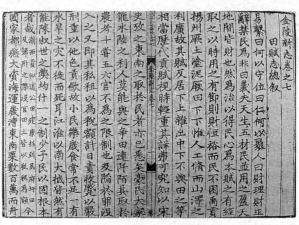

《至正金陵新志》第七卷

此书写成时，南京叫做"集庆路"。其区域范围也比目前的南京要大很多，除了今天的南京大部分地域之外，还包括句容县、溧水州、溧阳州。"路"在元代是直属道管辖的国家第三级行政区划，相当于现在的"市"。元代初期，南京沿用北宋的名称"建康府"，不久改称"建康路"，元文宗图帖睦尔登基后，1329年才诏令改建康路为集庆路。

《封四氏碑》

《封至圣夫人碑》

《集庆孔子庙碑》

虽然南京当时名为"集庆"，但张铉认为："金陵图志存者，惟唐许嵩《建康实录》，宋史正志《乾道志》，吴琚《庆元志》，周应合《景定建康志》，而刻板已亡，所见卷帙惟《景定志》五十卷。"对张铉来说，虽然当时的朝廷统治者对"南人"实行歧视政策，但金陵"历代为国为州为府，典章文物，宜可考证。"张铉觉得无论地名怎么改，金陵最能成为代表这个地方的名字，此前的《金陵志》已佚失，张铉因此将自己所编纂的新书叫做《金陵新志》。

《至正金陵新志》是珍贵的元代南京方志史料。"至正"是元朝最后一个皇帝元惠宗的年号，元朝在传承文化、缓解民族矛盾方面虽然逐渐重视，但具体举措做得还是迟了些，也终究被明所灭，带兵攻入元朝大都（北京）的正是明朝开国元勋——徐达。

19 瞻园沧桑

明太祖定都南京后，对开国功臣论功行赏，封徐达为魏国公，因念其"未有宁居"，特将东抵秦淮河、西至中华路范围赐为府邸，并在府第东、西各建一座"大功坊"，西面"大功坊"的原址就是现在瞻园路西口"南京夫子庙"牌坊的位置。朱元璋不久开杀功臣，徐达险而自保后难逃厄运，加上百废待兴，没能大建府邸。

据传，徐达晚年曾作上联"大江东去，浪淘尽千古英雄。问楼外青山，山外白云，何处是唐宫汉阙"，后出千金从一书生处求得下联："小苑春回，莺唤起一庭佳丽。看池边绿柳，树边红雨，此间有舜日尧天"。此联对仗工整，珠联璧合，后人曾将"楼"改为"槛"，将"唐宫汉阙"改为"唐陵汉寝""吴宫晋苑"，"莺唤起一庭佳丽"改为"帘卷起一庭风月"，"此间有舜日尧天"改为"此间本齐邸梁园"，但均不及原联丝丝合缝，寓景怀情。现在悬于静妙堂槛柱的此联，系

民国时期的瞻园

由张爱萍上将撰写,语自文武,文贯古今,成为园中亮点。

徐达去世后,被追封为中山王,赠三世王爵,徐府故称为"中山王府"。朱元璋对徐达评价道:"破房平蛮功贯古今人第一,出将入相才兼文武世无双。"

1399年,燕王朱棣发动"靖难之役"时,徐达长子徐辉祖领军迎战,重创燕兵。朱棣破城后,抓获徐辉祖,想将他认罪伏法,但因徐持有"免死金牌",只得将他押至东园(今白鹭洲公园)禁锢至终。朱棣念"中山王有大功",不可无后,遂命徐辉祖长子徐钦嗣爵。

瞻园静妙堂

徐达幼子徐增寿在"靖难之役"中倾向朱棣,"数以京师虚实输于燕",被建文帝发现后斩首。朱棣即位后,封徐增寿为定国公。徐达子孙封有"二公",这在明代开国众臣中当属唯一。"二公"分居两京,长子辉祖一派在南京袭封魏国公;幼子增寿后人移居北京,世袭定国公。

明朝初建,崇尚"简质",朝廷严禁凿地造园,至正德、嘉靖年间禁令松弛,百官才开始兴新府邸。徐达七世孙徐鹏举凿池叠山,在府邸之西起废兴园,遂称"西圃",清幽古朴、简远疏朗,虽经万历火灾及明末战火,依然是南京城内最负盛名的私家花园。

梅花坞、平台、抱石轩、老树斋、翼然亭等景皆名实相称,园以石胜,石下多邃洞,宵曲盘纡,曲折起伏。从正德至万历年间是徐氏家族园林的鼎盛时期,其家族在南京的园林有十多处。万历以后及至明末,徐氏家族开始颓败,子孙或拆售别业花石,或将园林全部出售。

清朝初年,徐达府邸先后改为江南省左布政使署、安徽布政使署和江宁布政使署,是城内仅次于两江总督署的第二大官衙建筑。1757年,乾隆第二次南巡,御驾亲临御题"瞻园"匾额,并作《寄题瞻园》:"瞻园遣自中山久,昔至金陵曾一观;取义如之较胜此,无须池馆重盘桓。"乾隆回京后仿建"如园"。

瞻园声名远扬,为官僚显贵附庸风雅场所,与苏州拙政园、留园、无锡寄畅园和上海豫园并称为"江南五大名园"。瞻园中"有十八景,具池沼竹木之胜",十八景为:方亭锦鳞、曲桥幽泉、石矶戏水、岁寒梅古、回廊探春、园林一览、艮岳生辰、海棠佳韵、雷浪寻踪、老藤化虬、丹桂沉香、翼然亭耸、山麓鸣泉、碑廊今古、妙境静观、危峰招鹤、池莲漾碧、牡丹仙苑。

瞻园内的"虎"字碑拓片

1853年,太平天国定都南京后,瞻园先后成为东王杨秀清的东王府、夏官副丞相赖汉英居所和幼西王萧有和王府。杨秀清在此居住时间虽很短,但因地位显赫,人们习惯将此地称为"东王府"。1864年,湘军攻克南京,太平天国王府难逃屠城劫难,昔日盛景被毁。

1865年至清末,瞻园复为江宁布政使署,后经多次重修,保留了部分明清时期造园精华,但园景远不及旧观。

民国时期,瞻园先后成为江苏省长公署、国民政府内政部、"中统"特务机关及其前身特工总部和汪伪国民政府水利委员会所在地。抗战胜利后,"中统"迁回原址,与宪兵司令部、内政部一字排开,瞻园路阴森恐怖,令人不寒而栗。

建国后,瞻园得到修复。1958年,太平天国纪念馆馆址设于瞻园。1960年,中国著名古建专家刘敦桢教授主持瞻园的恢复整建工作，不仅保留了原有的格局特点，而且还充分运用了苏州古典园林的研究成果，推陈出新，创造性地继承和发展了中国优秀的造园艺术。1961年，太平天国纪念馆在此更名为太平天国历史博物馆。

经过修复，瞻园内叠山理水、亭台楼阁、碑廊奇石、楹联景额，美不胜收，意味深长。按照总体规划，瞻园将向东、北扩容，再现盛时原貌。"夜瞻园"开放后，为夫子庙夜景锦上添花、再增色彩。到此参观游览，不但可以流连山水，还能感受中国600年历史风云的潮起潮落。

瞻园内复制的"江宁布政史司署"牌坊

20 白鹭洲公园

白鹭洲公园地处夫子庙东南隅,位于长乐路、东水关、明城墙、西石坝街之间,占地约15.82公顷。徐达长女入宫成为明成祖朱棣的仁孝皇后,朱棣念其父生前功勋卓著而将此园赐给徐家,初为菜园之用。因徐达曾功授太傅,而名太傅园。徐辉祖因反对朱棣而在此园被监禁。

至明代正德年间,徐达六世孙徐天赐花园曾遍及南京城南,有四锦衣之西园(愚园)、四锦衣之东园、三锦衣之东园、三锦衣之凤台园(紧邻愚园)、四锦衣之万竹园、徐元超之大隐园、魏国公之南园、徐九公子之宅园等,徐天赐凤凰台花园称为西园,而将太傅园称为东园。徐天赐在东园垒山凿渠,构景建园,盛况一时。

清时,东园渐颓废,又经洪水、战火,几成荒野。民国初期,这里还是濮恒兴鸭子店的养鸭棚。有次暴雨前,300多只野鸭从天外飞来"落户",鸭子店老板发了这笔外财,诵经感谢真主。"东花园野鸭落棚"的趣事一时流传。

浣花桥

白鹭洲公园

1924年，金巴父子在此开设茶社，其时修葺鹭峰寺时发现李白《登金陵凤凰台》诗碑，因其中"二水中分白鹭洲"之句与当时园内景色相映，故将茶社取名为白鹭洲茶社。有人为此写下对联："此地为中山故苑，其名出太白遗诗"。

其后，园内相继构筑烟雨轩、藕香居、沽醉轩、话雨亭、绿云斋、吟风阁等景点，到1929年，被正式命名为白鹭洲公园，以"春水垂杨""辛夷挺秀""红杏试雨""夭桃吐艳"及春日四景著称。

白鹭洲中的小岛名曰小蓬莱，岛上有春在阁、携秀阁，均是欣赏美景的佳处。水街长廊"曲径通幽，渐入佳境"。

鹭峰寺建于明代，是因纪念唐代鹭峰和尚，香火旺盛。其西的白鹭塔高七层，对应"救人一命，胜造七级浮屠"佛理。

鹭峰寺

白鹭洲公园还以"桥"闻名。浣花桥建于清代，是佳丽们游玩嬉戏的地方，每到春天，她们会用清清的河水洗去花朵和花叶上的尘土，以此玩耍，"浣花桥"以此而名，此桥为2006年重建。玩月桥是赏月佳地，据载，每逢中秋之夜，很多文人墨客就会相约来此，一些不会写诗的人也滥竽充数，附庸风雅。这其中有多少人是真正为"诗"而来，可能更多的意图是冲着邂逅美女。二水桥将白鹭洲公园水面一分为二，正应了李白"二水中分白鹭洲"之意，故名。

21 明朝"南北榜疑案"

1368年,明太祖朱元璋定都南京,于1371年恢复科举考试,在南京举行明朝第一次全国性考试,并形成一套完善的科举制度。

明代科举,分为乡试、会试、殿试三级。乡试是由南(南京)、北(北京)直隶和各布政司举行的地方考试,每三年一次,又称乡闱,录取人数由朝廷下达。乡试是明清科举考试的第一级考试,是在南京、北京及各省省会举行的选拔举人的考试。乡试头场写三篇八股文,一首试贴诗;第二场根据命题写五篇700字以内的八股文;第三场为五道策问,每题需300字以上。

由于明王朝初立,官员缺额较大,1384年,"不拘额数,从实充贡"。不久,"南北榜疑案"发生,此案又称"洪武丁丑科场案"。

1397年,会试发榜。榜上有名者共52人,均为江南考生,是为南榜(春榜)。北方举子开始议论纷纷。三月殿试又取福建闽县陈某为状元,北方举子大哗,认为主考官刘三吾、白信蹈是南方人,因此袒护南方人。群情激奋的考生,将皇榜打得七零八落,随后又到礼部示威。锦衣卫赶来镇压。街头巷尾贴满了指责主考官偏袒同乡,必有隐情的传单。把个南京城弄得一团糟。

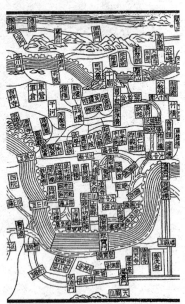

《金陵古今图考》中的明都城图局部

朱元璋接到奏报,震怒异常,亲自查问主考官刘三吾。刘三吾对朱元璋说:"元朝统治北方一百多年,使其文化遭受极大摧残。

近年来，北方远不如南方，这已是众所周知的事实，南优北劣也为正常。"朱元璋却不听他的，找来翰林院侍讲张信，命他带领侍讲戴彝、右赞善王俊华、司直郎张谦等人，于落第试卷中每人再各阅十卷，增录北方人入仕。但经复阅后上呈的北方试卷仍文理不佳，并有犯禁忌之语。张信向朱元璋如实禀告复查结果，认为南北考生成绩相差确实悬殊，就连黄榜最末一名也比北方的优秀者高出许多。并且认为以文章定优劣，以成绩排名次，是国家科考的惯例，不应有地域照顾。如今北方举子成绩仅能列后，因此不能更动。

这时，有人密告说刘三吾、白信蹈暗嘱张信等人故意以陋卷进呈。朱元璋大怒，随即安排刑部调查。刑部在严刑逼供下终于搞出了一个六百多人徇私舞弊、行贿受贿的名单及证词。朱元璋竟然称考官及先前负责调查之人与十几年前的胡惟庸案、蓝玉案有牵连，于是做出了决定：白信蹈、张信以及同科试官二十多人，全部凌迟处死。刘三吾因年事过高，发派充军，以老戍边。所选52名南方贡士全部罢黜，名列榜首的考生陈某以行贿罪问斩，至于受牵连者不下千人。

鹿鸣宴场景

同年五月，朱元璋又亲自圈点出六十一名贡士，第一名是河北的韩克忠，第二名是山东的任伯安，六十一名贡士中竟无南方举子一人，是称北榜（夏榜）。为避免此类事件再次发生，于洪熙元年设立南北卷制,南卷取60%,北卷取40%。至此,南北榜案全部终结。

1421年,明成祖朱棣迁都北京,设南京为留都。1425年,规定各考区录取人数从十名到五十名不等,后逐年增加,南、北直隶增至一百三十余名。后因江南地区人文荟萃,参考士子日益增多,原有考场便越来越显得狭小。明成祖朱棣便将犯臣纪纲的府邸,又取怀来卫指挥陈彬家人陈通、忠勇伯家人侯清等人的房舍以及府尹黄公永元祠、秦桧之子禧祠等改建"江南贡院"。

1453年,应天府尹马谅奉旨筹建贡院。在选择地址时,得知"秦淮之阳有地廓如,前武臣没入废宅也,鞠为氓隶之圃久矣,若葺而理之可办也",于是上疏奏请以其地为贡院新址。得到批准后,他立即筹措经费,鸠工聚材开工。新贡院落成后,适逢大比之期。这一届中试者多于往届,盛极一时。春风得意的新科举人们在放榜后"相与列宴于新堂之上,时《鹿鸣》兴歌,笾豆有践,流观焕彩,文物交并,京闱科贡之盛,于斯为备矣"。

清末广东贡院的龙门

22 明朝贡院的基本格局

明朝初期,江南乡试及全国性会试均在南京举行,原有考场明显不够用,而几经改造扩充。贡院原址曾为锦衣卫同知纪纲的私宅,永乐年间,纪纲与怀来卫指挥陈彬被治罪抄家,房产入官,其宅改为贡院。平江府的号舍,则是割取平江伯陈瑄私宅的一部分,沿用至今的平江府路原为一条小巷,即是因平江伯私宅于此而得名。明代南京贡院为"天下贡院之首,其制度亦必为四方所取法"。明代扩建的贡院奠定了此后的基本格局。

贡院大门面临秦淮河,大门外有广场。1922年辟为小公园,又名萃苑,沿河有长廊与秦淮码头相连。广场两侧建有东、西辕门。辕门高有二丈多,四柱三门,中门通行,两门平时关闭。现均拆除。贡院大门分为三重:头门、仪门、龙门。

头门有门厅五间,左右为耳房,中开三门,正中门上为朱匾黑字"贡院"。左额"辟门",右额"吁俊"。门前石狮一对,两旁有牌坊各一座,书曰:"明经取士"、"为国求贤"。门内有两碑亭,碑曰:"整齐"、"严肃"。大门内东、西有官房各三间,为府县官员休息之所。

1912年贡院的号舍

略西为二门,门对盘龙雕照壁,照壁背后(南面)为贴"金榜"之所在。金榜为御制,主考出京时皇帝颁发,四周有龙凤飞舞、彩云呈祥,正中上方印有皇帝玺印,以示国家重视人才。二门曰"仪门",门上书有"变化鱼龙地,飞翔鸾凤天"等对联。三门因悬有"龙门"金字匾额,故称为龙门。龙门为三阙辕门,木结构,中通人行,两侧平时封闭。

号舍位于贡院轴线两侧,是面积最大、数量最多的建筑,但十分简陋。每个号巷门楣墙头上大书"字"号,排号以"千字文"文序来定,唯"天""地""玄""黄"等字不能用。号舍左右两壁砖墙在离地一二尺之间,砌出上、下两道砖托,以便在上面放置上、下层木板,白天考试,上层木板代替桌案,下层木板为坐凳,供考生坐着答题,夜晚取出上层木板并入下层,用来当睡觉的床。但因号舍长度只有一米多,人睡下去连腿都无法伸直。考生们就是在这鸽子笼般的空间,颦眉思考,下笔答题,九天六夜的考试,真是煎熬。

号舍后的至公堂位于贡院中间偏后位置,是纠察关防总摄闱场事务的监临和在考场提调监试的外帘官员的办公处所。至公堂内中悬"天开文运"匾,后改悬"旁求俊乂"匾,意为遍求贤德之人。两楹悬有明初宰相杨士奇楹联:"号列东西,两道文光齐射斗;帘分内外,一毫关节不通风"。

至公堂(摄于本世纪初)

另有两幅曾悬于至公堂的佳联,一联为李渔所撰:"一生期许坐斯堂,务擅空群之识,惟持极慎,则得者快矣,失者亦可无惭,惭消誉起;三载辛勤有此地,人怀必售之心,非秉至公,则举者喜矣,错者不能无怨,怨蓄谤兴。"另一联为:"圣朝无政不宜公,况此举乎?更属抡才大典;天才命名原有意,登斯堂也,当与顾义深思。"

至公堂的后进为戒慎堂,其后为外帘门。外帘门外有一条宽约十余米的清水池,其上为飞虹桥,这是贡院科举时考试和阅卷的分界点。过桥为内帘门,门内设苑圃。前进为衡鉴堂,系考官阅卷处;堂后为主司卧室;堂左右为考官房舍。

民国时期的飞虹桥

为防止外帘官员即监考官员与内帘官员即阅卷官员相互勾结舞弊,贡院立有严格规定,考试期间任何人员不得逾越飞虹桥半步。不仅如此,即使是熟人隔桥打个招呼也不允许。飞虹桥宽6米,长约15米,用巨石筑成。两侧的桥栏护板之上,以高浮雕的手法,铭刻出象征"一路连科""青云直上"的吉祥纹饰,其构图之美、刻工之精让人称绝。

贡院碑刻散落于贡院内,有23通石碑从元至民国记载贡院历代扩建、维修情况以及考官题名等历史。飞虹桥、贡院碑刻与明远楼并称为江南贡院"三宝",明远楼现已成为江南贡院的标志性建筑。

23　明远楼

明远楼位于龙门与至公堂之间，也是号舍中间位置，"楼凡三层，作四方形，下檐出甍（méng），四面皆窗"，是贡院的中心建筑，也是最高建筑。"明远"二字取自《大学》中"慎终追远，明德归厚矣"之意。明远楼平面呈正方形，为三层木结构建筑，底层四面为墙，各开有圆拱门，四檐柱从底层直通至楼顶，梁柱交织，四面皆窗，站在楼上可以一览贡院全景，可以监视应试士子及院落内执役员工有无传递关节等作弊行为。

民国初年的明远楼

明远楼为江南贡院的中心建筑，据《贡院碑刻》所载，此楼修建于1534年，仍保存完好，它是我国目前所保留的最古老的一座贡院考场建筑。明远楼高三层，底层四面为门，楼上两层四面皆窗，站在楼上一览贡院，是发号施令的场所。

由于明远楼地位与作用的特殊性，使得贡院及周边建筑一律不得高过明远楼。据《同治上江两县志》记载，位于孔庙学宫后的"青云楼"，在康熙五十八年、雍正十二年两次重修，原先都想建为三层，均因邻近贡院，而改建为两层。

20世纪20年代初期的贡院明远楼

考试期间,监临、巡察等官员登楼监视,"白天摇旗示警,夜晚举灯求援",以防止考生骚乱、作弊。开考前三天,照例便有僧道在明远楼上设坛打醮三昼夜,以祈祷上界、阴间,并立"祭旗",令士兵日夜更番摇旗呐喊:"有恩报恩,有仇报仇。"其目的在于告诫应试考生平日里要行善禁恶,不然考场中必得报应。此外,每逢中秋佳节,监临、提调、巡察等官员还可登楼赏月,品茗行吟,凭窗眺望那闻名遐迩的秦淮灯火。

民国时期的明远楼

日本侵略者占领南京时,在明远楼下的荷枪实弹

民国时期维修后的明远楼

明远楼(今摄)

明远楼几经修葺,保存至今,曾作为贡院陈列馆的正大门,大门两侧分别刻有"明经取士、为国求贤"八个大字,道出了贡院的真正意义。楼下南面曾悬楹联,系清康熙年间名士李渔所撰并题:"矩令若霜严,看多士俯伏低徊,群嚣尽息;襟期同月朗,喜此地江山人物,一览无余。"从联中也可看出明远楼设置的目的和作用。大门上悬有横额"明远楼"三个金字,外墙嵌《金陵贡院遗迹碑》,记述了贡院的兴衰历史。碑文最后叹道:"今则娄百年文战之场,一时尽归商战,君子与此,可以观世变矣!"

为防止考场内外的串联作弊,江南贡院的外围建有两道高墙。两墙之间留有一丈多宽间距,形成一圈环绕贡院的通道。围墙的四角又建有四座两丈多高的岗楼,围墙的外面也留有一圈空地,严禁百姓靠近和搭建,这就是著名的"贡院街"。

贡院街上,还有一个与贡院及考生密切相关的建筑——魁星亭。

魁 星 亭

魁星亭，又名魁星阁、奎星阁，始建于 1775 年，初建时顶为赤色，1830 年改建为蓝筒瓦顶，意为"青天在上"、考试"公平"。魁星亭三层六面，下临秦淮，景致独特。魁星亭与聚星亭东西犄角相望，互为呼应，融为一体。

魁星即奎星，是传说中主宰文章兴衰的神。历代封建帝王把孔子比作"奎星"，奎星阁总是建在文庙之旁。后据顾炎武《曰知录·魁》："神像不能像奎，而改奎为魁"。魁星头部像鬼，左脚向后翘起，犹如"魁"字大弯钩，左手捧斗，右手执笔，用来点定中举者姓名，右脚踏在鳌头上，寓意"独占鳌头"。魁是文运兴旺之兆，是科举时代考试夺魁的象征，因而魁星被历代学子奉为神灵，考前必拜。

清朝末期的夫子庙聚星亭与诸多牌坊

科举及第者多受到社会所推崇，唐宋时期还有榜下择婿的风俗。考生中举后，往往就万事皆有，这更是增加了科举的吸引力。

解读夫子庙

民国时期的魁星阁

三场考试后,考生到致公堂向受卷官交卷。批卷后写榜也很别致,先从第六名写起,写完末一名,再写前五名,由五至一,称"五经魁"。

放榜后,新科举人除发给顶戴衣帽等物外,还举办"鹿鸣宴",歌《鹿鸣》诗,跳"奎星舞"。"鹿鸣宴"为乡试所设宴会。乡试放榜的次日,考官、新科举人和重赴鹿鸣宴的老举人至各省巡抚衙门赴宴。齐唱《诗经·小雅》中首篇《鹿鸣》诗,故称鹿鸣宴。唱毕,跳魁星舞,然后享受丰席盛馔,相互庆贺。参加鹿鸣宴的新科举人再度来此,眺龙门,游秦淮,仰望奎星阁,感戴"皇恩浩荡",得意之情溢于言表。

抗战时期的魁星亭

"魁星点斗"碑

在明代，夫子庙作为国子监科举考场，考生云集，因此这里集中了许多服务行业，有各种酒楼、茶馆、小吃……与此同时，青楼妓院也应运而生，内秦淮河上"桨声灯影连十里，歌女花船戏浊波""画船箫鼓，昼夜不绝"。古典戏剧《桃花扇》里所描写的"梨花似雪草如烟，春在秦淮两岸边，一带妆楼临水盖，家家粉影照婵娟"，十分真切地再现了当时秦淮河上的畸形繁华景象。

魁星亭位于魁光阁院中，"魁光"系因魁星光照四射而名，魁星高照，意为出人才之府。道光时期重修，咸丰时毁于战火，同治年间再度重建，抗战期间日军侵占南京时再次被毁，现为上世纪80年代重修，成了夫子庙的标志之一。

现在的魁光阁、魁星亭匾额均为赵朴初所题。魁星亭外柱对联为"魁照秦淮道德文明开泰运，星辉贡院诗书教化聚英才"。内柱对联为"魁星临贡院仗半斗琼浆忽来神笔，诸子过秦淮共一壶雀舌倍觉舒心"。

魁星阁雪景

亭旁立有"魁星点斗"碑。科举时代，以魁星点斗象征文运之兆。"魁"为"鬼""斗"二字组成，故民间将其具以神形，绘制成魁星点斗图。此碑为清同治书法家马德诏所作，图中暗藏"正、心、修、身""克、己、复、礼"及"鳌、斗"共十字。据载，古代科举考场大门都立有此碑，进入考场的士子，如能一眼看出图中暗藏的这十个字，便有望"金榜题名"。

"金榜题名"是每位考生所向往的，但绝非个个都能如愿。

25 贡院街上众像生

贡院街位于秦淮河北岸，西起瞻园路，东至桃叶渡，全长620米，因北邻江南贡院而名，为夫子庙东西主轴线，也是秦淮风光带及"秦淮灯火"的核心区域。

古时贡院有大门、二门、三门，三门上因悬有"龙门"金字匾额，故称为龙门。龙门街上曾重重门楼、座座牌坊，金字匾额、栋宇宏敞，蔚为壮观。"侯门一入深如海，从此萧郎是路人"，古时文人视龙门为进入"官海"的台阶，每逢秋闱之时，苏皖两省的试子蜂拥而至，情形可与现在的高考一比。

考试前，贡院街上挤满了各地前来赶考的考生，这也是商家赚钱的旺季。南京有句歇后语："贡院门口的糕——馊了还是相公吃"，讲的就是每逢考期，常有一些卖糕的摊贩到贡院考场门口摆摊，有时糕放的时间长了，变了质，仍不肯收摊，结果那些馊了的糕还是被考生买去吃了。

乡试期间，贡院围墙的内外还布满了兵丁，戒备森严。考生进

清末时期的夫子庙贡院街

入考场有三道门,每道门都要对考生及其携带的衣服、笔墨、油灯等严格检查,为防考生在食物中夹带作弊答案。在进考场时,卫兵会用刀将糕点全部切成一寸见方,然后放入考篮之中。每位考生均备考篮,也是科举考试公平的体现。

如果最后一道龙门查出夹带违禁品,则前面两道门的兵丁都要被治罪。而违禁的考生则将被革除一生的功名,即一辈子不可以再做官,还要被捆绑在贡院门前的木柱上示众两个月。午时点完名后,三声炮响,监临官以朝廷所发"龙虎封条"将龙门封闭,考生在内要经过9天6夜的三场考试。

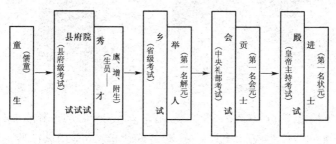

明清科举考试的基本流程

尽管考场规则重重,但由于科考事关仕途官运,考生夹带作弊等现象仍然十分严重。江南贡院发现过飞鸽传书,当时有考生家里训练了只鸽子,晚上飞进考生号舍,考生把考题写得很小,拴到鸽子腿上带回,家里请了答卷高手,将答题让鸽子再送进考场。家人为了提醒考生不要抄漏了,就在正面的下方注了"背面还有"几个小字,哪知这位老兄竟也照抄不误,结果被考官发现。

古代对士子参加考试实行"上不封顶,下不保底"的政策,无论什么年龄层的都可以报考。在江南贡院的考生中,年龄最小的考生才13岁,最大的考生已有103岁。因考试所涉四书五经等海量诗书典章,因此,能通过预试到江南贡院进入乡试的,极少有"神童"。

经过九天的煎熬,高中者数量有限,更多的是失意落榜,故有"三场辛苦磨成鬼,两字功名误煞人",多少落榜考生心灰意冷,流落在龙门街、贡院街头。每到放榜过后,夫子庙不但有高中的得意笑声,更有失意落魄的悲惨哭声。

赶考考生塑像之一

赶考考生塑像之二

　　落榜者多心中悲戚、心灰意冷,甚至大哭于贡院街前、奎星阁下,辛酸悲苦,恣意而发。"三场辛苦磨成鬼,两字功名误煞人",章中如的诗句形象地道出了考生的辛酸。清代文学家吴敬梓在南京撰写了《儒林外史》,生动地描写了科举考试的市风百态。

犹如鸽子笼的贡院号舍

26 吴敬梓撰写《儒林外史》

　　吴敬梓出生于1701年,字敏轩,号粒民,祖籍安徽全椒,为地方世族,"家声科第从来美",曾祖吴国对是顺治年间的探花,祖父吴旦是个监生,伯叔祖皆进士及第,"一门三鼎甲,四代六尚书"。吴敬梓就是在这书香门第长大的,18岁考取秀才,23岁时父亲吴霖起病故,吴敬梓将财产变卖一空,广济贫民,并从此拒绝参加科举考试。

　　1733年,吴敬梓与续弦叶氏自家乡移至南京秦淮河畔,在秦淮水亭定居,自称"秦淮寓客"。吴敬梓搬到南京,少了族人的"教诲",落个清静,"偶然买宅秦淮岸,殊觉胜于乡里",在秦淮水亭布置了书斋"文木山房",并在此会友饮酒。此时的吴敬梓已过而立之年,家境已困,"枭鸟东徙,浑未解于更鸣"!他在族人眼中是"一事无成",作为"传为子弟戒"的"败家子"典型。吴敬梓已穷到"白门三日雨,灶冷囊无钱"的地步,仍拒不参加博学鸿词科考试,乐于交友,被"四方文酒之士,推为盟主",对于族人的非议,他只当耳边

吴敬梓夜间写书难耐寒冷,呼朋唤友绕城跑步取暖

风,其"痴憨""颠憨""隐括"终一生而不变。

吴敬梓不念仕途,在 49 岁时完成长篇讽刺小说《儒林外史》。吴敬梓以犀利的笔触无情鞭挞了封建科举制度腐朽的本质及其对知识分子心灵的戕害,入木三分地刻画了一系列深受科举毒害的迂腐的读书人、虚伪的假名士,也塑造了理想中的人物。这部作品假托明代,展现了一幅封建社会真实的生活画卷,不仅以讽刺作为主要的艺术手段,而且在结构上与通常的长篇小说以中心人物、中心事件来结构故事的方式不同,以连缀的故事、相互衔接的人物,既独立又前后呼应地结成艺术整体。

1754 年冬,吴敬梓在贫困之中去世,"可怜犹剩典衣钱",遗柩归葬金陵清凉山。现在夫子庙至东水关的河段上,复建有吴敬梓故居,并悬有两副对联,一幅为"一水起新亭,江令宅园添秀色;千秋瞻旧寓,吴公才笔增广文";另一幅为"儒冠不保千金产,稗说长传一部书"。

据鲁迅先生考证,"《儒林外史》所传人物,大都实有其人,而以象形谐声或瘦词隐语寓其姓名,若参以雍、乾间诸家文集,往往十得八九。"

夫子庙的贡院在吸引考生、造就举人的同时,还营造出许多名妓。"才子佳人",使得夫子庙充满着风花雪月。

复建的"吴敬梓故居"

明初秦淮开妓

南京的娼妓始于六朝,当时的达官贵人都拥有家妓。新桥至镇淮桥的秦淮河两岸在唐代已满是楼台舞榭,声色缠绵。明朝定都南京后,为安顿行旅,繁荣市场,朱元璋在南京设花月、春风、淡粉、梅妍、翠柳、轻烟、讴歌、乐民等16楼,蓄妓迎客,其中尤数评事街的南市楼规模最大。政府设"教坊司"管理,乐户必须向教坊司登记纳捐,可受其保护。若私自开院,逼良为娼,则从严处罚。乐户聘乐师授以礼仪、弹唱、歌舞、文艺、书画等,秦淮名妓故而多才多艺。

夫子庙的妓院与贡院科举密切相关。明都南京,乡试、院试集中于此,每逢科考,考生云集。有精明商人利用朝廷"大比"之年"关卡一律免验放行"的政策空子,投机牟取暴利,造就一批暴发户。夫子庙因此成为许多富户结马连骑、征歌选色之地,妓院应接不暇,附近商家酒家也应运而生,加上管理废弛,官商勾结,夫子庙秦淮两岸逐渐演变成妓院集中之地,南京也成为消费娱乐之都。

明代《上元灯彩图》

明代《南都繁会图》

明廷北迁后,南京作为"留都",仍保留皇宫、六部衙门等,人口最多时愈47万人,有一百多个行业。据《南都繁会图》,画中仅店铺招牌就有109种,丝市、花市、绸市、珠市等十余处,"画脂杭粉名香宫皂"显然是为女性而设,夫子庙地区繁荣"娼"盛。

据《板桥杂记》记载:十里秦淮"妓家分别门户,争妍献媚,斗胜夸奇,凌晨则卯饮淫淫,兰汤滟滟,衣香一园;停午乃兰花茉莉,沉水甲煎,馨闻数里;入夜而撅笛搊筝,梨园搬演,声彻九霄"。

明清两代的秦淮妓女不少出自官仕之家。朱元璋对罪臣严刑峻法,男丁伏法流放,妻女婢妾则一律交官媒送教坊司发配为娼。清沿明制,只是放宽一条,准许"纳课自赎",可以按照官媒评定身价,完足银两赎身。

每逢秋试之年,四方应试弟子毕集于夫子庙,书肆、茶馆、客栈应运而生,酒楼妓院滋生蔓延,也是妓院生意的"旺季"。秦淮河南岸的一些街巷即为富家子弟的"温柔乡""销金窟"。到了清代,夫子庙娼妓有增无减,"妓家鳞次比屋而居","长桥选妓"成为《金陵四十八景》之一。妓女多住在石坝街、钓鱼巷、状元境和钞库街一带。

28 钞 库 街

钞库街位于夫子庙秦淮河南岸,东北起文德桥,西南至武定桥,此地原为东晋骠骑航,因骠骑将军纪瞻府邸邻此地而名。1374年,朱元璋下诏设宝钞提举司,下设钞纸、印钞两局,宝钞、行用两库,这条街就改名为钞库街。

钞库街为国库所在,是当时的金融重地。1375年开始印制"大明通行宝钞"。宝钞先由中书省印制,至1380年,撤销中书省,分设户、工两部。户部负责印纸钞,工部主持铸铜钱。

户部所印宝钞长34.4厘米,宽23厘米,尺寸之大为中国印钞史上罕见。正面印有龙纹花边,横额为"大明通行宝钞",两侧竖额右为"大明宝钞"并印有编号,左为"天下通行",均系篆文,中间为钱贯图案,下部有"中书省(后改户部)奏准印造大明宝钞,与铜钱通行使用,伪造者斩,告捕者赏银二百五十两,仍给犯人财产,洪武×年×月×日"的字样,背面盖有朱印。

大明通行宝钞分一百文、二百文、三百文、四百文、五百文和一贯六种。后来又增印了从十文到五十文的小钞。规定一贯抵铜钱一千文或白银一两,四贯抵黄金一两。该钞是当时流通最广的货币,从洪武八年发行起,沿用时间长达150年之久,始终保持这些面额,这种统一性和连续性,为以前历代所罕有。

后来由于只发不收,市面钞票越来越多,引起通货膨胀。至嘉靖元年(1522年)宝钞停用,以铜钱取代。当时铸造铜钱的地点在

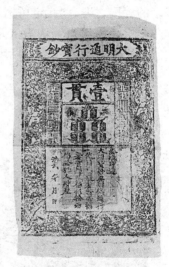

大明通行宝钞

今太平南路白下会堂附近,称作"钱厂",原址后建钟山书院。印铸贮钱的地名钞库街仍沿用至今。

钞库街上的棋峰会馆,为清代安徽泾县黄田村人朱棋峰所建,以为家人、族人参加南京乡试时读书、住宿之用,故而得名。科举废除后,又成为安徽同乡来南京经商访友住宿之地,故又称为安徽会馆。原大门有精美砖刻,上悬"棋峰会馆"匾额在"文化大革命"中遗失。会馆为青砖小瓦建筑,至今保存完好,为三进两院式,北面临河一进为两层河厅,占地约500平方米。

钞库街西头的武定桥始建于南宋淳熙年间,景色秀丽,为赏月佳处。明代有诗曰:"秋风又到秣陵关,独客穷途尚未还,武定桥头新月上,朦胧遥望紫金山。"武定桥头明月唤起人们淡淡的愁思。明末顾梦游在《秦淮夕泛》中写道:"落日淡生烟,波明影碧减,人来花槛里,酒出板桥边。"在描写武定桥边繁华景象的同时,感发出隐隐的亡国之恨。"武定桥边,立尽斜阳"。

有位风水先生认为武定桥远望钟山,近临淮水,武定门殿其后,聚宝门枕其左,桥西一片开阔,风水极佳,是藏龙卧虎之地。后来桥东、桥西各出一状元。这风水宝地还是许多南京名妓居住的

位于秦淮河与钞库街之间的棋峰会馆

场所,"秦淮八艳"中有不少就居于此处。民国时期在武定桥边发现了"媚香楼"石碑,从而断定李香君故居的具体位置。顾横波也曾住武定桥边,人称"顾楼",顾楼大街也因此而名,街道不宽,却很繁华。

据载,明朝有个叫项子京的花花公子,来南京参加乡试,却整天混迹妓院,名落孙山后,依然花天酒地,还迷上钞库街的一个妓女,要娶为妻,并拨下牙齿作为信物。项子京回乡带上大量银两和沉香床等名贵家具再次来到南京,下船时特地换上破旧衣服想试探妓女是否真心。没想到妓女看到他落魄的样子,十分冷淡,还拿出一把牙齿,丢在地上。项子京大怒,在妓院前怒烧家具,顿时火光冲天,香飘四溢。妓女后来知道项公子家财万贯,并带了大量金银专程前来为她赎身并准备购宅完婚,一下子犹如五雷轰顶,瘫倒在地,最后上吊自尽。钞库街故又名"沉香街"。

钞库街上的各种风流韵事还真不少。明朝末年,就有四位知名公子是这里的常客。

29 明末四公子

明朝末年,陈贞慧、方以智、冒辟疆、侯方域四人以风流倜傥、文采斐然被并称为"明末四公子"。这四人风头互不相让,均甚劲健。他们都出身官宦大家,长年客居南京,一则为了就应天乡试,二便是与"复社同志"联络。四人均在南京及夫子庙活跃一时。

陈贞慧生于1604年,字定生,江苏宜兴人,明末诸生,又中乡试副榜第二人,其父陈于廷是东林党人,官至左都御史。陈贞慧是复社成员,文章风采,著名于时,曾与吴应箕、顾杲共议声讨阮大铖,由吴起草《留都防乱檄》,揭贴于夫子庙,内容就是说:阮大铖这家伙是阉党余孽,他在南京不怀好意,蠢蠢欲动,还想卷土重来,大家要认识到他的丑恶面目,并且有140人在上面签了名,"明末四公子"都名列其上。

陈贞慧像

《留都防乱檄》把阮大铖搞得非常狼狈。阮大铖本来想去祭孔,结果那天他跑到了夫子庙,被复社文士们看见,马上把他打了一顿,吓得阮大铖赶紧逃到中华门外的牛首山上躲了三个月,再回到南京城里。至南明弘光朝,阮掌握大权,便迫害陈贞慧,陈曾一度入狱。满清占领江南后,他坚决不出来做官,隐居家乡宜兴,十余年不入城市,保持了作为明朝旧臣的气节,于1656年去世。

方以智于1611年出生于安徽桐城士大夫家庭,字密之,自幼秉承家学,接受儒家传统教育。方以智成年后,载书泛游江淮吴越间,遍访藏书大家,博览群书,四处交游,结识学友,主盟复社,裁量

出家后的方以智

人物,讽议朝局,以文章誉望动天下。方以智30岁时中进士,选为庶吉士,后在京任工部观政、翰林院检讨、皇子定王和永王的讲官。据《板桥杂记》载有"秦淮名姬选美、才艺大赛":"己卯岁牛女渡河之夕,大集诸姬于方密之侨居水阁。四方贤豪,车骑盈间巷。梨园子弟,三班骈演。阁外环列舟航如堵墙。品藻花案,设立层台,以坐状元。"这次"选美"大赛的主办者就是方以智,"状元"在此指参加献演诸姬之优胜者。方以智不但对秦淮名妓们如数家珍,还乐于将她们介绍给朋友们。

李自成率军攻入北京后,明崇祯皇帝自缢,方以智宁死不降,辗转奔向南京投奔南明弘光政权。仇敌阮大铖把持南明弘光朝政,方以智不断受到排挤、迫害,只好改名流寓岭南、两广一带,后在梧州出家,法名弘智,在发愤著述的同时,秘密组织反清复明。1671年冬,方以智效仿前朝文天祥,自沉于江西万安惶恐滩江殉国。

冒辟疆生于1611年,名襄,号巢民,是蒙古人后裔,六次去南京乡试,均告落第,在秦淮河畔却留下不少风流情事。冒辟疆的父亲仅是个五品官,官职在"四公子"父辈中是最低的,但他却是"四公子"中最帅的,也许是血统中的蒙古贵族基因,冒辟疆高大儒雅,行事浪漫,是天生的"美女杀手",陈圆圆、董小宛两大秦淮美女先后对他一见倾心。生逢乱世,冒辟疆一方面表现出豪贵子弟的浪漫风习,另一方面也显示出匡扶明廷的正义感,他参加复社,共同声讨阮大铖之流。后回归故里隐居,于1693年去世。

侯方域生于1618年,字朝宗,河南商丘人,明户部尚书侯恂之子,祖父及父辈都是东林党人,均因反对宦官专权而被黜。明朝灭亡后,侯方域流落江南,入清后参加科举,后回到归德府老家,积极为清朝镇压农民军出

侯方域像

南通如皋水绘园中董小宛与冒辟疆的画像

谋划策,为镇压清初最大的农民起义榆园军起义立下奇功。为时人所讥:"两朝应举侯公子,忍对桃花说李香。"侯方域后来对降清之举后悔不已,对李香君深深内疚及苦苦思念,于1655年不幸染病身亡。

"四公子"多为仕途不顺的士大夫,胸怀大志而不得大用,因而加入东林党或复社,在危机四伏的明朝末期,与阉党奸臣做着斗争。"四公子"在政治上无所大为,最广为人们津津乐道的是他们与秦淮名妓间的情感故事。

秦淮八艳

明末清初,夫子庙秦淮河畔有八位才艺双全的名妓,并称"秦淮八艳",又称"金陵八艳",具体哪八位有多种说法,一般认为是顾横波、董小宛、卞玉京、李香君、寇白门、马湘兰及柳如是、陈圆圆八人。

一、明辨是非柳如是

柳如是生于1618年,嘉兴人,幼时聪慧好学,但由于家贫,从小就被掠卖到吴江为婢,妙龄时坠入风尘,易名柳隐,因读辛弃疾词"我见青山多妩媚,料青山见我应如是",故自号如是;后又称"河东君""蘼芜君"。在乱世中往来于江浙之间。由于美艳绝代,才气过人,成为秦淮名妓。

柳如是与复社、几社、东林党人相交往,常着儒服男装,与诸文人纵谈时势,诗歌唱和。柳氏择偶要求很高,不幸初恋情人复社领袖陈子龙抗清牺牲,最后到20余岁"大龄"时才嫁给了年过半百的东林领袖钱谦益。两人同居绛云楼,读书论诗相对甚欢。钱戏称柳如是为"柳儒士"。

白鹭洲公园印月桥下的"秦淮八艳"花灯

清军占领北京后,南京成立了南明弘光小朝廷。钱谦益在柳如是支持下当了南明的礼部尚书,后投降赴北京做了清朝的礼部侍郎兼翰林学士。柳如是则留在南京。钱受柳氏影响,半年后便称病辞归,后因案件株连入狱。柳如是在病中救夫出狱,鼓励他与尚在抵抗的郑成功等人联系,并慰劳抗清义军。

1664年,钱谦益去世后,乡里族人聚众欲夺其房产。柳如是上吊自尽,吓走恶棍以保护钱家产业,死后葬于虞山。郁达夫称柳为"秦淮八艳"之首。

二、乱世情缘陈圆圆

陈圆圆本姓邢,名沅,字圆圆,又字畹芳,幼从养母陈氏,故改姓陈。陈圆圆本为昆山歌妓,殊色秀容,花明雪艳,能歌善舞,色艺冠时,曾寓居秦淮。

明朝末年,崇祯帝为内忧外患日夜不安。为解皇帝忧虑,外戚嘉定伯周奎遣田妃的哥哥田畹下江南觅艳。田畹寻得陈圆圆后,被其姿色醉迷,遂私下占为己有。不久李自成的队伍逼近京师,崇祯帝急召吴三桂镇山海关。田畹设盛筵为吴三桂饯行,陈圆圆率歌队进厅堂表演。吴三桂见圆圆后神驰心荡,强行要求相赠以保田家无恙。

陈圆圆老年画像

吴三桂抱得美人归,无奈政局动荡,春宵苦短,只得将圆圆留在京城府中,以防外泄招惹麻烦。李自成打进北京后,吴三桂的父亲投降了起义军,陈圆圆被李自成占有。吴三桂得知后,反悔投降李自成,"冲冠一怒为红颜",投降清军攻入北京。

李自成将吴家38口全部杀死,然后弃京出走。吴三桂抱着杀父夺妻之仇,昼夜追杀农民军到山西。吴的部将在京城终寻到陈圆圆,飞骑传送给吴三桂。吴氏晋爵云南王后,欲立圆圆为正妃被拒,只好另立。陈圆圆受到忌害,遂削发为尼,在五华山华国寺长斋绣佛。1681年冬,康熙帝出兵云南,占领昆明。吴三桂死后,陈圆圆亦自沉于寺外莲花池,死后葬于池侧。直至清末,寺中还藏有陈圆圆小影两帧,池畔留有石刻诗。

三、聪慧温婉董小宛

董小宛名白,一字青莲,其名与字均因仰慕李白而起。董小宛聪明灵秀,神姿艳发,其姿色曾引起一群名公巨卿、豪绅商贾的明争暗斗。董小宛虽流落风尘,但鄙视权贵,勇于斗争,对容貌俊美、风流倜傥的复社才子冒辟疆一见倾心。

董小宛以妾身份嫁给冒辟疆,到如皋冒家后与冒母、冒妻和谐相处。闲暇时,董小宛与冒辟疆泼墨挥毫,赏花品茗,评论山水,鉴别金石,还代丈夫给亲友书写小楷扇面。董小宛将琐碎的日常生活过得浪漫美丽,饶有情致。

董小宛喜欢研究食谱,今天人们常吃的虎皮肉,即走油肉,就是董小宛的发明,因此,它还有一个鲜为人知的名字叫"董肉",这个菜名与"东坡肉"相映成趣。董小宛在秦淮时曾用芝麻、炒面、饴糖、松子、桃仁和麻油作为原料制成酥糖,切成长五分、宽三分、厚一分的方块,这种酥糖外黄内酥,甜而不腻,人们称为"董糖"。

董小宛最珍爱东莞人视为绝品的"女儿香",还用从内府获得的西洋香方子制作过百枚香丸。冒辟疆则最欣赏内质坚致而纹理呈横向的"横隔沉",并从江南觅得一种味如芳兰的"生黄香"。他俩还蓄有不少"蓬莱香",在静坐香阁、细品名香的清雅中共同生活了9年。民间传闻,董小宛后被满清人夺去献给顺治帝,成为顺治最为宠爱的董鄂妃。1651年,董小宛去世。冒辟疆一生中与多名女性有过情爱,但"冒董姻缘"流传最广。

四、侠骨逆波顾横波

顾横波生于1619年,南京人,本名顾媚,字眉生,号横波,又号智珠,亦号梅生。据《板桥杂记》记载,顾横波"庄妍靓雅,风度超群。鬓发如云,桃花满面;弓弯纤小,腰肢轻亚"。顾横波居于眉楼,"绮窗绣,牙签玉轴,堆列几案;瑶琴锦瑟,陈设左右,香烟缭绕,檐马丁当",时人戏称"迷楼",此誉一出,即不胫而走,广为沿用。

顾横波像

顾横波才貌双绝,有"南曲第一"之称,自然广受风流名士们的青睐,以致眉楼门庭若市,几乎宴无虚日,常得眉楼邀宴者谓"眉楼客",俨然成为一种风雅的标志,而江南诸多文宴,亦每以顾眉生缺席为憾。顾横波个性豪爽不羁、我行我素,甚至有人为她"殉情",她也毫不在乎受人非议,终与江左才子龚鼎孳缘定三生。

顾横波在"秦淮八艳"中地位最为显赫,她曾堂皇受诰封为"一品夫人",其夫龚鼎孳与钱谦益、吴伟业并称为"江左三大家",在明朝兵科任职,明亡后,则可以用"闯来则降闯,满来则降满"形容。但他却每谓人曰"我愿欲死,奈小妾不肯何",将"失节"祸水转借于红颜,以致世人对顾横波评价至今仍存争议。

五、刺血书经卞玉京

卞玉京名赛,又名赛赛,出身于金陵秦淮官宦之家,因父早亡,姐妹二人沦落为歌妓,卞赛诗琴书画无所不能,尤擅小楷,还通文史。她的绘画艺技娴熟,落笔如行云,"一落笔尽十余纸",喜画风枝袅娜,尤善画兰。18岁时游吴门,居虎丘,往来于秦淮与苏州之间。卞赛一般见客不善酬对,但如遇佳人知音,则谈吐如云,令人倾倒。

卞赛曾与明末清初的著名诗人吴伟业有过一段姻缘。1641年春,吴伟业偶遇卞赛,被她高贵脱俗而又含有几分忧郁的气质倾倒,不由想到江南盛传的两句诗:"酒垆寻卞赛,花底出陈圆。"二人频繁交往,感情渐深。正当吴伟业在考虑娶卞赛的时候,恰逢田畹来金陵选妃,已看中陈圆圆与卞赛等。软弱的吴伟业,只在卞赛的寓所吹了几首曲子便凄然离去。

两年后,卞赛嫁给了一诸侯,因不得意,遂将侍女柔柔进奉之,自己乞身下发,在苏州出家当了女道士,依附于70余岁的名医郑保御,郑筑别宫资之。卞赛自号"玉京道人",习称玉京,为报郑氏之恩,用三年时间为郑氏刺舌血书《法华经》。

吴伟业后在清朝当官,心情颓伤。1650年的一天,卞赛在钱谦益家里看到了吴的《琴河感旧》四首诗,方知吴对她的思念。数月后二人在太仓终于相见,卞赛为吴氏操琴,吴感怀不已,写了《听女道士卞玉京弹琴歌》赠之,诗中道出了卞在这十年中的情景,点出了清军下江南、玉京"弦索冷无声",一派凄凉状况。卞赛后来隐居无锡惠山,十余年后病逝,葬于惠山柢陀庵锦树林。

六、错嫁豪门寇白门

寇白门又名寇湄,生于南京著名的世妓之家,也是寇家历代名妓中佼佼者,"风姿绰约,容貌冶艳",钱谦益对寇白门的才貌赞誉道"今日秦淮总相值"。寇白门的一生充满了传奇色彩。《板桥杂记》曰:白门娟娟静美;跌宕风流,能度曲、善画兰,相知拈韵,能吟诗,然滑易不能竟学。正由于白门为人单纯不圆滑,而决定了她在婚恋上的悲剧。

1642年春,声势显赫的保国公朱国弼,在差役的护拥下来到了钞库街寇家,斯文有礼,温柔亲切,寇白门对他印象良好,一口同意了他的求婚。明代南京妓女从良或婚娶都必须在夜间进行,这是当时的风俗。当年秋夜,17岁的寇白门浓妆重彩地登上花轿。朱国弼为了显示威风和隆重,特派5 000名手执红灯的士兵从武定桥开始,沿途肃立到内桥朱府,盛况空前,成为明代南京最大的一次迎亲场面。

婚礼虽为隆重,朱国弼婚后却依旧走马于章台柳巷之间。1645年清军南下,朱国弼投降清朝,不久入京师被软禁。朱氏欲将连寇白门在内的歌姬婢女一起卖掉,寇白门对朱云:"若卖妾所得不过数百金……若使妾南归,一月之间当得万金以报公。"朱思忖后遂答允,寇白门短衣匹马带着婢女斗儿归返金陵。寇氏在旧院姐妹帮助下筹集了20 000两银子将朱国弼赎释。这时朱氏想重圆好梦,但被寇氏拒绝,她说:"当年你用银子赎我脱籍,如今我也用银子将你赎回",当可了结。

寇白门回南京后,被称女侠,她"筑园亭,结宾客,日与文人骚客相往还,酒酣耳热,或歌或哭,亦自叹美人之迟暮,嗟红豆之飘零"。后又从扬州某孝廉,不得意复还金陵,最后流落病死。当时文坛祭酒的东林领袖钱谦益作《寇白门》诗追悼曰:"寇家姊妹总芳菲,十八年来花信迷,今日秦淮恐相值,防他红泪一沾衣。丛残红粉念君恩,女侠谁知寇白门?黄土盖棺心未死,香丸一缕是芳魂。"

七、痴情兰竹马湘兰

马湘兰1548年生于南京,名守真,字湘兰,小字玄儿,又字月娇,因在家中排行第四,人称"四娘"。她秉性灵秀,能诗善画,尤擅画兰竹,故以"湘兰"著称。她相貌虽不出众,"姿首如常人",但"神情开涤,濯濯如春柳早莺,吐辞流盼,巧伺人意"。

马湘兰在绘画上造诣很高,当年曹雪芹的祖父曹寅,曾在《栋亭集》里三次为《马湘兰画兰长卷》题诗。《历代画史汇传》中评价她的画技是"兰仿子固,竹法仲姬,俱能袭其韵"。马湘兰多才多艺,还通音律,擅歌舞,并能自编自导戏剧。在教坊中她所教的戏班,能演出"西厢记全本",随其学技者,备得真传。

马湘兰自幼不幸沦落风尘,但她为人旷达,性望轻侠,常挥金以济少年。她的居处为秦淮胜处,慕名求访者甚多,与江南才子王稚登交谊甚笃,她给王稚登的书信收藏在《历代名媛书简》中。在王稚登70大寿时,马氏集资买船载歌妓数十人,前往苏州置酒祝寿,"宴饮累月,歌舞达旦",归后一病不起,最后强撑沐浴以礼佛端坐而逝,终年57岁。马氏死后葬在其宅第,今白鹭洲公园的鹭峰寺附近。

"秦淮八艳"中在南京名气最大的当属李香君,不仅是因为她与侯方域的爱情故事,更因为可以身临其境地步入其故居,感受"秦淮八艳"的文韵风采。

李香君故居

李香君又名李香，南京人，为秣陵教坊名妓，她居住在位于钞库街中段的媚香楼。在这当时只是座普通的绣楼里，却演绎出一曲荡气回肠的爱国壮歌。

李香君"温柔纤小，才陪玳瑁之筵，宛转娇羞，未入芙蓉之帐"，当时人称"香扇坠"。《板桥杂记》写道："生小倾城是李香，怀中婀娜袖中藏。"据推算，李香君身高不到1.5米，娇小玲珑，慧俊婉转。四方名士，争一识为荣。初解风情的李香君也坐在绣帘挂落的花格窗前，遥望着秦淮对岸，等待着心仪郎君的出现。

1639年秋，16岁的李香君与21岁却已闻名四方的复社才子侯方域一见钟情，才子佳人，碰撞出的并非只是风花雪月，政局动荡，人心彷徨，两人的爱情面临着重重考验。

李香君故居大门

满清铁蹄入关，明朝基业坍塌，朱氏亲王仓皇南渡，在南京匆匆成立了南明政权。复社的死对头阮大铖，投靠了南明佞臣马士英。阮大铖企图用金钱收买侯方域，以达到其个人的政治目的。这一伎俩，很快就被才识过人的李香君识破。她坚决拒绝了阮大铖的金钱诱惑，并要求侯方域立即与阮断绝关系，划清界限。

李香君与侯方域私订终身，并支持情郎离开南京去扬州商议抗清大计。恼羞成怒的阮大铖，用卑鄙的手段进行报复，怂恿弘光

位于秦淮河南岸的"李香君故居"——媚香楼

帝的大红人御前侍卫内大臣田卿强娶李香君做妾被拒,大进谗言,与阉党一起中伤李香君。

　　孤独的李香君在这座绣楼里,对友人深深地感叹道:"田公岂异于阮公乎?吾向之赞侯公子者谓何?今乃利其金而赴之,是妾卖公子矣!"对爱情的追求如此坚贞,发生在一个秦淮歌妓的身上,实属难得。但离开南京的侯方域却没能感受到,这段短暂的爱情也仓促地画上了一个伤感的句号。

　　1646年,清军攻克南京,南明继续南逃。李香君所追求的爱情最终也因侯方域的降清北返而破灭。侯方域在政治气节上并没有坚守多久,他多次参加清朝科举考试,均以落榜告终。1655年

李香君的闺房场景

暮春，满树的桃花已经凋谢，落红遍地。李香君悄悄地合上了那把题有侯方域诗句的扇子，凄切地收拾好行装，与过去诀别。她独自来到栖霞山下，在一座寂静的道观里，出家为道士。据史书所载，李香君后不知所终。又据考证，李香君后与侯生相遇，死于打鸡园。侯方域在痛苦与内疚中，为李香君立碑撰联。墓前树碑，碑上撰联："卿含恨而死，夫惭愧终生。"

孔子第六十四孙孔尚任游历南京后，被李香君的事迹深深打动，并结识了明末遗民冒辟疆和已为和尚的画家石涛，多方收集素材，三易其稿，终于写成《桃花扇》，此书以侯方域与秦淮名妓李香君的爱情故事为主线，反映了明亡清兴时期复杂的历史背景，书中不乏秦淮河畔的官场轶事、江山胜迹、风土人情，生动逼真，脍炙人口。

现在的李香君故居，位于来燕桥东南岸，原为在清末袁姓道台故居，保存有秦淮河房特征，电影《桃花扇》在此取景拍摄后，辟此处为李香君故居。故居占地565.3平方米，为三进两院式宅院，前厅古朴典雅，后院河厅色调明快又不失古风。河厅内设有船坞，直通秦淮河。河厅有栏杆，可凭栏远眺秦淮风光。

"媚香楼"三字相传为明末书法家王铎所书。故居大门悬有对联："花容兼玉质；侠骨共冰心"。故居内悬有多副对联，现摘录其四如下，一为："玉洁冰清，千秋正气；扇奇艺绝，一代名姝"。

李香君故居内的河厅

二为："南朝重问名姝，剩清香，桃叶渡头，莫愁湖上；北里能张正气，爱壮然，香君骂贼，葛嫩捐躯"。三为："小字噪秦淮，万种风情柔似水；丹心昭史册，一痕血泪艳如花"。四为："陈醪斟趣，新茗催诗，三杯忘宠辱；铁笛销魂，铜琶醒梦，一扇寓悲欢"。

明末清初，与阉党抗争的不只有侯方域、李香君这样的才子佳人，还有一位民间说书艺人。

解读夫子庙

32 说书艺侠柳敬亭

明末清初,夫子庙出现过两位名噪一时的说书人,一位是歌姬王月生,另一位便是柳敬亭。柳敬亭生于1587年,原名曹永昌,字葵宇,号逢春,祖籍南通州余西场,因面色黧黑,且脸有疤痕麻点,人称"南京柳麻子"。

柳敬亭少年时在泰州"犯事"当刑,遂隐姓埋名,浪迹于苏北市井之间,依稗官小说开讲,居然能倾动市人,故开始说书度日。有一次他在一棵大柳树下歇息时,想到自己尚在捕中,"攀条泫然,已,抚其树,顾同行数十人曰:'嘻,吾今氏柳矣。'"柳敬亭声名鹊起,并在南京达到鼎盛。

柳敬亭在南京说书,名声很大,据载:"一日说一回,定价一两,十日前送书帕下定,常不得空。"无论是在豪华大厅的盛大集会之上,还是在悠闲亭榭的独坐之中,人们争着请柳敬亭表演他的技

柳敬亭说书场景

艺,从内心感到满足,没有不说他演得好的。柳敬亭名声在南京、扬州、杭州都很大。

柳敬亭常说的书目,多为长篇中的选段,大致有《水浒》《隋唐》《西汉》,另外,传说柳敬亭还留下《柳下说书》百篇。柳敬亭的遗作,有说书底本《柳下说书》8册100篇。关于柳的说书技艺,黄宗羲《柳敬亭传》有生动描绘:"每发一声,使人闻之,或如刀剑铁骑,飒然净空;或如风号雨泣,鸟悲兽骇。亡国之恨顿生,檀板之声无色。"

明宁南侯左良玉渡江南下时,与柳敬亭相见恨晚,让柳敬亭参与决定重要秘密军务。当时南明朝中群臣都敬畏左良玉,也十分恭敬柳敬亭,宰相以下的官吏都让柳敬亭坐在向南的尊位上,称呼他柳将军。不久,南明朝廷覆灭,左良玉病死,马士英、阮大铖谋捕柳敬亭。柳敬亭重操说书旧业,军旅经历使他的说书更加充满了魅力。

柳敬亭在演艺生涯中与达官显宦、文人学士、秦淮名妓等多有交往,并与冒辟疆、侯方域等复社骨干关系系切,共同与阉党斗争。冒辟疆写过《赠柳敬亭》诗。诗云:"忆昔孤军鄂渚秋,武昌城外战云愁。如今衰白谁相问,独对西风哭故侯。"说的是柳敬亭刚到武昌拜见宁南侯左良玉时,左误认为柳不过是一位江湖艺人,不宜从军,就想试试他的胆量,密令手下人在宴会的军幕中排列手执长刀的士兵,柳敬亭面对明晃晃的钢刀,开怀畅饮,谈笑自若。左良玉不由得暗暗称奇,于是留他在军幕之中,日夕谈论《三国》《水浒》中的谋略战例,并给以重用。冒辟疆题赠这首诗时,柳敬亭已是白头衰翁,他与冒辟疆谈起当年在左良玉帐中的往事,不由得潸然泪下。

柳敬亭晚年寓居南京,生活穷困,极为凄凉,死后葬于苏州。孔尚任在《桃花扇》中对柳敬亭也多有篇幅描述。

33 李渔迁居金陵闸

常言道：上有天堂，下有苏杭。清初戏剧家和戏剧理论家李渔却从"天堂"杭州迁至南京定居，最初就住在桃叶渡旁的金陵闸。

李渔号笠翁，1611年生于浙江兰溪富商大户人家，自幼聪颖，擅长古文词。18岁时父亲去世，原本富裕的家庭顿陷困境。李渔参加县试，文章深受主考官赞赏，但在后来的考试中却屡屡受挫。后来，明朝灭亡，清军入关。李渔绝意仕途，开始有隐居世外、不问世事的念头。李渔是个集风流才子与精明书商于一身的大玩家。1651年，因乡邻纠纷，李渔举家迁往杭州，开始创作戏曲剧本和小说，内容都是大众喜闻乐见的爱情故事和市井传奇。

李渔的创作"非奇不录"，懂得迎合大众，其中那些对爱、欲毫无忌讳的描写，虽为正统文人所不齿，但极受普通大众欢迎，其作品往往一面世就被抢购一空。李渔是当时知名度颇高的"畅销书作家"。和现在一样，有些书商私刻翻印李渔作品以牟暴利，甚至还出现冒名作者。李渔一面状告官府，要求主持公道，一面四处奔走，上门交涉。李渔因此成为最早为捍卫著作权而奋战的文人。困难可想而知，效果也不明显。于是，李渔决定离开杭州，迁居南京。

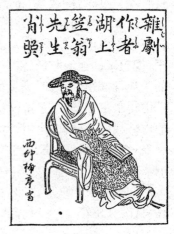

李渔画像

初到南京的李渔看中了夫子庙地区的金陵闸。金陵闸位于桃叶渡、东水关附近，距孔庙不远，闹中取静，临水而居，颇有情趣。

李渔是个讲求生活品质的人,他将自己的许多生活感受都融于代表作《闲情偶寄》之中。李渔在金陵闸居住后不久,在门东购得一屋,因"地止一丘",取"芥子虽小,能纳须弥"之意,取名为芥子园,并兴建成当时南京知名园林,文化事业及产业蒸蒸日上。南京是李渔重要的生活地,也是他许多作品的产生地。

李渔代表作《闲情偶寄》

李渔到南京后,汲取在杭州被侵权的教训,为了保护自己的版权,便于书籍刊行,李渔在南京寓所"芥子园"内开了自己的书店,印出的许多书籍都刻上"芥子园"的印迹。李渔还利用自己的人脉关系,搜集名家杰作,甚至还请到平西王吴三桂给他所编的《资政新书》写稿,从而引发了众多官吏商贾文人墨客的收藏热。经营上,李渔十分善于运用营销手段,为自己吆喝,每次新作尚未问世,就已经传得满城风雨,吊足了读者胃口。在与书商的维权过程中,李渔态度强硬,据理力争,寸步不让,以至于每打完一次官司,他的"芥子园"书店的名气就更大一些。佳作频出,商场得意,又如此善于运作,李渔看来还是出版界的能人、先驱。

1677年,李渔把芥子园交给女婿打理,自己回到杭州,两年后去世。李渔的女婿沈心友请画家王概等编的《芥子园画谱》流传至今。现在南京门东正在规划改造,不知是否会给李渔留下一席之地。桃叶渡文化艺术馆建成后,首场画展就是李渔后人举办的。

34 顺治丁酉科场案

清朝建立后，延续明朝科举制度，于1645年秋始举行乡试，次年春举行会试。清代科举分为三级，第一级为小试（童试）；第二级为乡试和复试；第三级为会试和殿试，是皇帝亲临的最高级别考试。乡试多在8月举行，故又称作"秋闱"。

明清时期，并非所有秀才都能参加乡试，在此之前还要参加2月份举行的预试。预试场所叫考棚，安徽及江苏两省考生预试的上江、下江考棚均在贡院附近。许多考生在考前一年就来到南京租房复习，交际游乐。有些考生利用金钱及家族势力"拉关系"，科举考试充满着舞弊和腐败。

科考制度至清朝已沿袭千年，一些弊端难以根除，由科举引发的舞弊案大的共有三起，分别为顺治十四年的丁酉科场案、康熙五十年的辛卯科场案和咸丰八年的戊午科场案，前两大科场案均与江南贡院有关。

丁酉科场案是指1657年，岁次丁酉，先后发生了三次科场舞弊案，分别为丁酉顺天乡试案、丁酉江南乡试案、丁酉河南乡试案。

乡试考官

顺天乡试科场案率先告破。正考官曹本荣，副考官宋之绳，同考官李振邺、张我朴等人或欲结权贵，或贪财纳贿，公然在考场内互相翻阅试卷，照事先拟好的名单决定取舍。顺治帝闻奏大怒，立令都察院会审，将李振邺等七人立斩，抄没家产，108人流徙黑龙江。

同年江南乡试榜发,两江士论哗然,京师内外哗然,又有人奏参江南主考官方猷等人弊窦多端,以联宗的缘故,取中少詹事方拱乾之子方章钺为举人。

有人提议诏以该科江南中试正副榜举人一体来京,由皇上亲临,再行考试。翌年,清廷在北京瀛台召集"复试",四周甲士林立,刀枪密布。乡试中举的吴兆骞赴京接受检查和复试,负气交白卷,被革除举人名。顺治帝亲自定案,吴兆骞家产籍没入官,父母兄弟妻子一并流放。后经纳兰性德求情,吴兆骞在受刑23年后才得以赦免。

试官阅卷

在顺治的严旨催促下,方猷等人被正法,妻子、家产籍没入官。同考官18人全部处绞刑。举人方章钺等8人,各责四十板,家产籍没入官,父母、兄弟、妻子流徙。审理此案的刑部尚书、侍郎等也因"谳狱疏忽",分别受到了处分。

"丁酉狱蔓延几及全国,以顺天、江南两省为巨,次则河南,又次则山东、山西,共五闱。"亦有学者认为,科场案是清初打击汉族士绅的手段之一。

解读夫子庙

35 康熙辛卯科场案

1711年,辛卯科乡试在江南贡院如期举行。发榜后人们发现新科举人吴泌、程光奎竟都是扬州盐商子弟,只是粗通文墨的半文盲。于是舆论哗然,群情激奋,南京考生把"贡院"门额涂抹成"卖完";苏州考生千余人共抬财神像进入孔庙明伦堂,辛辣地讽刺钱能通神,以此来表达他们的愤怒和强烈抗议。因这次正、副主考官分别是左必藩和赵晋,于是大街小巷传说这样两句顺口溜:左丘明两眼无珠;赵子龙浑身是胆。

主考官左必藩亦自知罪责难逃,迫于形势主动呈上奏折,把主要罪责推给推荐考生的当地知县,自己只担当失职的罪名。康熙帝御批礼部严查此案。礼部合议应行文该督抚将举人吴泌等解京,到日,请旨复试,如果文墨不通即将情弊严审究拟。但康熙没有同意礼部的合议,既然是扬州盐商行贿,在扬州设立特别审判庭比较适合,因为此时的两淮盐政是他的心腹李煦,能够暗中监视审判的进程。康熙御批道:这事情着张鹏翮会同江南、江西总督,江

贡院内部号舍

苏、安徽巡抚在扬州地方彻底详察,严加审明具奏。左必藩、赵晋俱着解任,发往质审。

康熙御批的第一次特别审判庭首席法官是钦差大臣、户部尚书兼武英殿大学士张鹏翮,会审的有两江总督噶礼、江苏巡抚张伯行、安徽巡抚梁世勋,共四人。

噶礼是清开国勋臣何和礼的四世孙,他以勋臣之后入朝为官,才能尚可,但十分贪婪,纵容属员残虐百姓,声名狼藉,"带病提拔"升任两江总督后,更加无所顾忌搜刮财物,并对其属吏隐匿劣迹,加以包庇。张伯行查出,均揭露革职。从此,噶礼心怀忌恨。

审理此案,也是政客间的博弈。李煦作为心腹卧底不断向康熙密报。正主考左必藩、副主考赵晋各自争辩,亦未审出贿卖实据。经过初审,审得程光奎素与副主考赵晋、山阳县知县方名交好,是以取中。至于举人吴泌的贿买情由则比较复杂。

《康熙南巡图》中的夫子庙秦淮河场景

李煦还向康熙密报各位审案大人的分歧:江苏巡抚张伯行心怀多疑;督臣噶礼、安徽巡抚梁世勋谓各执一见,竟不和同;钦差户部尚书张鹏翮亦未有定见。

对此,康熙的御批是:"督、抚不和,人所共知。巡抚是一钱不要清官,总督是事体明白勤紧人物。目前参本到了。尔南方众论如何?再打听明白,速奏。"看来,康熙对噶礼、张伯行两人的品行是大致了解的。

此时案情向高层推进,前任安徽巡抚叶九思、现任安徽藩司马逸姿都被卷入此案,此事越闹越大。审讯中,噶礼、张伯行发生分歧。张伯行弹劾噶礼贿卖举人，包庇罪犯；噶礼也弹劾张伯行挟嫌诬陷。康熙帝将二人解任，令张鹏翮会同漕运总督赫寿审理。张鹏翮袒护噶礼。康熙帝另派户部尚书穆和伦、工部尚书张廷枢前往再审，并请吏部议复，但均不利张伯行。

康熙认为，张伯行为官清廉，操守为天下第一，这样处理"是非颠倒"，令九卿、詹事、科道据实再议。后以两人都是封疆大吏，"互相参讦，殊玷大臣之职"，将噶礼革职，张伯行做革职留任处理。此案在康熙的直接关心下审理。

贡院场景照壁上的"南闱放榜"

经过一年多的审讯，审出副主考赵晋与同考官王曰俞、方名私受贿赂，取中吴泌、程光奎情况属实。赵晋、王曰俞、方名被处斩立决；吴泌、程光奎等均处绞监候；主考左必蕃失察，被革职。

康熙最后裁决："噶礼着革职，张伯行着革职留任。"朝廷原拟任命赫寿为两江总督。康熙对漕运总督赫寿审理此案极为不满，提拔江西巡抚郎廷极担任此职。

通过此案的审理，不难看出清代科举制度及官场腐败的种种弊端，以及两江地区高级官员间的矛盾。幸亏皇帝是明君，但是也难以阻止封建王朝由盛而衰的大趋势。

36 《红楼梦》里的"夫子庙"印迹

从辛卯科场案的审理中,可以看出康熙在江南安插了心腹要员,以加强皇权统治。清初沿用明朝在南京设局织造宫廷所需丝织品的旧制,派员久任。衔名初称"驻扎江南织造郎中",后改为"江宁织造郎中"(或员外郎),简称江宁织造。此职位多由皇帝亲信的八旗内务府大臣担任,地位仅次于两江总督,都受皇帝的信任,能直接向皇帝提供江南地区的各种情报,权势显赫。曹玺为首任江宁织造,其子寅、孙颙、頫亦任此职,前后六十余年,其间仅6年不由曹氏任职。曹氏三世名为督造丝织品,实为康熙心腹耳目。雍正继位后,曹家获罪被抄。曹寅的孙子曹雪芹经过了富家子弟至平民的轮回后,写出了千古名著《红楼梦》,这本书里不乏"夫子庙"元素。

曹雪芹约1715年生于南京,童年淘气异常,厌恶八股文,不喜读四书五经,反感科举考试、仕途经济,钟爱江南山水,对夫子庙、秦淮风物留有深刻印象,并体现在毕生作品《红楼梦》中。曹雪芹的好友曾有赠诗《秦淮残梦》中有"秦淮残梦忆繁华"、《懋斋诗钞》中有

曹雪芹像

"秦淮旧梦人犹"之句,这"秦淮残梦""秦淮旧梦"与"红楼梦"正相关合。《红楼梦》是否出于"秦淮梦"呢?《红楼梦》"备记风月繁华之盛",而这"风月繁华之盛"所指当属夫子庙秦淮之地。

夫子庙的青溪、桃叶渡、鹫峰寺等地名或直接出现在《红楼梦》中,或是书中原型。《红楼梦》第五十一回,薛宝琴《怀古绝句十首》中《桃叶渡怀古》:"衰草闲花映浅池,桃枝桃叶总分离。六朝梁梦

多加许,小照空悬壁上题。"《红楼梦》中也不乏"硬正""韶刀""嚼咀""这一程子""气不忿""挺尸""孤拐"等老南京方言。

更有不少学者认为,《金陵十二钗》中有的原型于"秦淮八艳"。柳如是字号"蘼芜君",与薛宝钗因居"蘅芜苑"而号"蘅芜君"正合。"红楼"是柳如是与陈子龙同居时期所筑的别墅,二人在红楼里写下许多缠绵的诗词,暗合红楼之梦。钱谦益娶了柳如是后,为她在虞山盖了壮观华丽的"绛云楼"和"红豆馆",金屋藏娇。而《红楼梦》中贾宝玉将"怡红院"题为"绛云轩",薛宝钗嫁给贾宝玉后,成为"绛云轩"主人。由此推断,薛宝钗的原型是柳如是。

《红楼梦》中海棠诗会场景

另外,林黛玉与李香君、妙玉与卞玉京、史湘云与董小宛、贾迎春与寇白门、陈圆圆与贾惜春、王熙凤与顾横波、马湘兰与秦可卿等均有相当多的关联。

红楼梦中大观园的一景一物都有可能具备秦淮八艳的生活痕迹,大观园与南京的秦淮旧院景色相近。《红楼梦》中的"诗会"也有秦淮"盒子会"的影子。"盒子会"指的是明末清初秦淮名妓各自带上自己所制作的食品到某一位姐妹家聚会。据史料记载,秦淮八艳的盒子会是文人墨客的聚会,也是品评花案的活动。柳如是就曾在一场盒子会上一举击败寇白门、董小宛,一时声名鹊起。盒子会是名妓们谈论政治、文化、美食的高雅娱乐活动，极具夫子庙的秦淮特色。

虽然有人认为秦淮是指南京，而非只是夫子庙的秦淮河，但夫子庙的秦淮在南京文化中所占的分量是相当厚重的。"秦淮"对于曹雪芹而言，就像一场美妙的梦，从来不会有痛苦，更不会有艰辛，他将秦淮的文化气息、生存气息乃至生命气息融入到自己的心灵。

夫子庙的秦淮文化、青楼文化、饮食文化乃至江南文化都对曹雪芹产生了很大的影响，从小在南京长大的曹雪芹，对于昔日繁花似锦的生活，更多的是留恋与追忆，加上后来的故地重游，更加使他借《红楼梦》写出对昔日的生活趣味以及文化感受。

秦可卿在"金陵十二钗"中"容色最新"，其"家住江南"，具体在何处呢？有学者认为很可能就是夫子庙的秦大士府宅。曹雪芹与秦大士是同时代人，两人还有些"瓜葛"。曹雪芹完全可能将秦大士家某位女性作为秦可卿的原型写入《红楼梦》。

"红楼梦"大型场景"金陵十二钗"花灯

37　秦大士题写"东南第一学"

秦大士,字鲁一,号涧泉,出生在聚宝门内的一条窄巷中,自幼聪明好学,10岁便能写诗作文,少年时书法就小有名气,以至所得润笔能养活家人。23岁时在江南贡院考中举人。38岁进京赶考,在皇太后六十圣诞的万寿恩科中,是清朝开国以来的第43位状元。按惯例,秦大士诞生的小巷就由地方官命名为秦状元巷。

据《清朝野史大观》记载,乾隆皇帝对秦大士的身世有所疑惑。问他:"你果真是秦桧的后代吗?"他婉而回答:"一朝天子一朝臣。"后经查实,秦大士是秦桧兄长秦梓的后代。

据说,秦大士高中后与昔日诗友游岳王坟,看到岳王坟前的秦桧夫妇跪像,两旁有以秦桧夫妇互相埋怨的口吻撰写的一副楹联:"咳!我本丧心,有贤妻何至若是;啐!妇虽长舌,非老贼不到今朝。"诗友们看后发笑,戏谑新状元也姓秦,是他们的后裔,并要他题对联以记此游。秦大士苦苦一笑,挥笔写下:"人从宋后羞名桧,我到坟前愧姓秦。"可见秦大士的功力和度量。

秦大士为人清正,在外只做了十来年的官就退休回归南京颐享天年。时任陕西巡抚的大儿子秦承恩在夫子庙武定桥东头买下了何如宠的府邸,供养父亲。何如宠是明崇祯时期的宰相,门前那

集秦大士字的"东南第一学"匾额

段街道由此而叫大夫第。秦大士退任移居大夫第后，于园中种植柏、梓、桐、椐四木，取意"百子同居"，花园取名瞻园，世代书香相承。此瞻园与徐氏瞻园同名，园中至今还剩一棵玉兰树，每到夏日花白如雪，美丽异常，也是当年大士手植。

秦大士在乾隆朝得以重用，官至侍读学士，其书画名重一时。清代的包世臣评秦大士"行书佳品下"。秦大士在金陵留下了许多遗迹，尤其在城南一带更有不少大士的墨迹题咏。夫子庙学宫正门门坊上的"东南第一学"五个隶书大字，为秦大士书法集字。

秦状元故居

也许正因为忠臣之后的家族背景，秦家后来在乾隆、嘉庆、道光三朝达到鼎盛，子孙中不乏朝中重臣。南京长乐路上，有一座历经300余年沧桑的院落。站在门口北望，但见高墙深院，楼宇重叠，气势恢宏，这就是清代状元秦大士的故居。现已修葺一新，辟为秦大士纪念馆。

武定桥西头还出过一个状元叫黄思永，是光绪庚辰状元。武定桥头好风水，东、西都有状元郎。有些考生为了中举，费尽心思，甚至不择手段，清代科举弊端重重，"一考定终身"的制度反而激发出许多歪门邪道。

38 林则徐改革乡试

科举发展至清代，登峰造极，各种舞弊手段也花样百出。夹带小抄，从鞋底到帽缨，从坐垫到糕饼，甚至嘴巴和肛门，凡是能藏纸条的地方，都有人尝试过，屡禁不止；"冒籍"类似现代的"高考移民"，就是假冒籍贯去名额较多或士子水平较低的省应试，以增加录取概率；"倩代"就是找枪手，花费会较贵，不过古代并无照片，准考证上的描述不过是些"面白""身中"之类模糊的词语，因此只要打通关节，找到愿意冒险的人，确也可行；还有一种偷龙转凤的舞弊手法，与倩代类似，但昂贵许多，风险也较大，那就是换卷。

以上舞弊手法常年盛行不衰，而"条子"则兴盛于晚清时期，就是说考生与考官约定，在文章的某些地方，一般是某段的开头或结尾，使用特定的字眼，通常是如"夫""也"等虚字，为防止巧合情况出现，一般要订三四处，考官阅卷时，就拿着条子细心比对，见吻合者辄录取。虽然科举考试的试卷上名字都糊掉了，而且会另外雇

科举考试作弊用的麻布坎肩上面布满了文字

人誊写,让考官看不出笔迹,但有了这套暗号,种种防范措施都于无形中失效了。

此外,考前要点名入场,士子们进入考场时,争先恐后,拥挤不堪,多时达2万人从一道门进入,秩序混乱。曾经有人在入场时被挤下考场大门内右侧水池中淹死。

1832年正月,林则徐就任江苏巡抚,八月主持壬辰科江南乡试监临,实地看到科举制度的弊病。林则徐在调查中发现许多问题:考官改卷草率、匆促;士子夹带、抄袭现象严重;进场次序混乱等等。此前,林则徐曾在江西、云南两地出任乡试考官,抵制逢迎应酬陋习,选拔清贫绩学的"真才"。

《点石斋画报》中关于科举考试进门时的场景

林则徐发现考生进入考场偷偷夹带材料有三种情况:一是专带有典制、掌故的诗文和解释儒家经典的书籍以及写作策问的材料;二是小作坊刻印的小本成文书;三是请人代写的应对四书题目的文章。一些家塾教师充当"枪手",兼帮人写文章,一篇可得二三百文制钱到一元洋钱不等。林则徐针对当时科场中的弊端,提出了相应的展宽阅卷期限、严惩抄袭、规定士子分批进入考场等改革方法,并提出考察官吏当从"自察"开始的主张。

1835年,林则徐监临江南乡试,针对乡试中严重的舞弊抄袭

"范文"现象没能在阅卷中加以清除的弊端,觉得应从考官阅卷入手,采取了选用身体文章俱佳考官、制定主考及同考官批阅试卷要逐篇分批章程、请求皇帝宽延阅卷时间等措施。另外,认真把住阅卷关,严惩夹带舞弊情况。针对当时一些考生夹带"范文"资料作弊情况,林则徐抓住作弊文章"雷同化"的特征,采取严厉手段。

与此同时,针对考场人员较多、进场拥挤的问题,林则徐下令事先统计两省各府、州、县参考士子的人数,根据人数多少,改原来一门进场为三门放行,并且把入场的时间、场门、顺序制成清单。同时,还在考场增设茶水饮食供应点,尽可能地给士子考场生活带来方便。当年参加考试者达 14 000 余人,改变了入场混乱状况,避免了拥挤踩踏。

林则徐连续三次担任了江南贡院监考官,在他的精心整顿下,江南贡院考场秩序焕然一新,因此留下"三度亲临棘闱中,雷厉风行革弊政"的佳话,这些措施在江南乡试中相沿成习。

39 傅善祥从政东王府

太平军占领南京后,明令"凡一切孔孟诸子百家妖书邪说者尽行焚除",江南乡试被迫停止,孔庙及江南贡院建筑均遭毁灭性破坏。太平天国早期用人广纳贤才,"凡工艺人等皆授以官,有人嘲以楹联云:'一统江山四十二里半,满朝文武三百六十行全'"。从这副对联对太平天国疆域、官员的嘲讽中,也能看出太平天国的"不拘一格选用人才"的超常胆略。

太平天国按照自己的选才标准,贴出"招贤榜",在南京也举行过一次"科举取士",而且是男、女均可应试,贡院即是"天朝试场"所在地,还选出个女状元——傅善祥。

傅善祥1833年出生于南京门东书香世家,自幼聪慧过人,喜读经史。8岁时父母相继去世,家道迅速衰落。13岁那年,她被哥哥遵照父亲遗命嫁给了指腹为婚的李家,

傅善祥像

那时丈夫才7岁。18岁时,丈夫因病去世。婆婆在埋葬完儿子之后,便打算把傅善祥卖掉换取银两。傅善祥走投无路,毅然投奔了才占领南京的太平军。

1853年春末,洪秀全颁布诏书,开甲取士,同时打破常规,增加"女科",这在中国历史上是破天荒的。男科的主考官是东王杨秀清,女科的主考官是洪秀全的妹妹洪宣娇。傅善祥勇敢地报名参加女科考试。当时参加科考的男女士子有600多人,男科、女科试题一样,均为《太平天国天父天兄天王为真皇帝制策》。考场上的傅善祥显示出其超人的才华,她提起笔来,文思泉涌,才华横溢,顷刻间挥笔而就。她的文章构思精妙,字字珠玑,初评时就获得了

阅卷官员的一致好评。后在《惟女子与小人难养也》复试题中列举古今贤女,独辟"难养"之说。

经过层层选拔,傅善祥的文章最后被送到了东王杨秀清的案头。东王看后,立即为这篇才华横溢的文章所折服,尤其是文中的观点,更是让他欣喜不已:"三皇不足为皇,五帝不足为帝,惟我皇帝,乃真皇帝。"傅善祥最后被点为女科状元。科举考试结束后,杨秀清亲自点将把傅善祥招进东王府,加以重用。

现代"女状元"巡游活动

东王进入南京后,最先入住瞻园,但因受到"金甲神"的惊扰,迁至城东明故宫以西的清满城江宁将军署,后又因距朝阳门(中山门)外清军江南大营太近,而迁至朝天宫东侧小王府巷的上江考棚,后终看中汉西门的前山东盐运使何其兴宅第,兴建东王府。但因后三处难觅王府踪影,故而不少人将瞻园又称为"东王府"。

不久,东王下诏,任命傅善祥为"女侍史",负责东王诏命的起草以及文献的整理。因为精明能干,傅善祥后来又升任"簿书",帮助东王批阅所有来往的文件、书札。傅善祥的才能也逐渐引起天王的关注,洪秀全几次向杨秀清借傅善祥来处理政务,都十分满意。1854年3月,天王洪秀全下达诏书破格任命傅善祥为"恩赏丞相",位列州司座次,隶属天王府六部,主要职责仍旧是辅佐东王

瞻园内"东王府"匾额、屏门（今摄）

处理政务。傅善祥成为东王的"贴身秘书"。此间，天王也想招用傅善祥，但均被东王拒绝。

1854年6月，在傅善祥的影响下，杨秀清先后以"代天父言"的名义，对天国只许刊行《新旧约》而贬所有古籍为"妖书"的文化政策加以修正，并废除了使妇女别夫离子的"女馆"，恢复了家庭制及允许青年女子婚配。傅善祥劝说东王杨秀清严禁部属破坏文物，并在所居东王府中建立一所规模颇大的博物馆。这一系列措施为保护和发展天京的文物做出了重大贡献。同时，傅善祥还帮助杨秀清制定了太平天国解放妇女的政策，提倡"男女平等""天下女子尽是姊妹之群""同心放胆同杀妖"等。傅善祥还力劝杨秀清废除不准女子改嫁的条令，以其特殊的身份，在某种程度上扭转了因为执政者短视而造成的不利局面，为太平天国的前期稳定与发展做出了贡献，受到天国军民的一致赞扬。当时曾有"武有洪宣娇，文有傅善祥"之说。

"天京事变"后，傅善祥下落不明，一说傅善祥为乱军所杀被抛尸大江，东流而去，也有作为东王亲信，被韦昌辉诛杀的传言。在"天京事变"之后，天王洪秀全改任人唯"贤"为任人唯"亲"，太平天国从此由盛而衰。

40 曾国藩重修孔庙

1864年,湘军攻克南京,城内建筑再次遭到严重破坏。次年,曾国藩、李鸿章等人认为太平军将位于鸡笼山麓的江宁府学及文庙"以碧水闉桥之地,作椎牛屠狗之所",是对至圣先师孔夫子的大不敬,而迁到朝天宫。曾国藩重视儒家传统思想教育,在南京重修了两座孔庙,即府学孔庙和县学孔庙,一座城市有府学、县学两座孔庙不多见。当然,南京名气最大的孔庙还是秦淮河边的县学孔庙,这也是南京人常说的南京孔庙,而将府学孔庙称为"朝天宫"。

按照规制,孔庙前要有一个半月形的"泮池",象征"教化",源于《诗经·鲁颂·泮水》。鲁国学宫设于泮水之畔,周朝时"天子之学为雍,诸侯之学为泮",以后相沿成习。南京孔庙前将流经广场的秦淮河一段河道巧妙地作为泮池,从而使南京孔庙成为全国孔庙中仅有的一座用自然活水作泮池的庙宇。

秦淮河南岸的照壁建于1575年,高大雄伟,全长约110米,高10米,全用城砖砌成,壁面褚红,规模为全国照壁之冠。泮池北岸石栏则是1514年所建,迄今已有500多年历史,不知经过多少人的摩挲把玩,已是光滑莹亮。

1870年复建后的府学孔庙大成殿

天下文枢牌坊与聚星亭等建筑平行而立

泮池北岸正中是"天下文枢"牌坊,古为步入孔庙的甬道起点。"枢"原意是转轴,引申为中心,这是把孔学比作古代学问的核心,是封建社会思想舆论的标准解释。牌坊是由棂星门衍变而来的,开始用于祭天、祀孔,至明、清时期已衍化为一种封建社会为表彰功勋、科第、德政以及忠孝节义所立的建筑物,极广泛地用于旌表功德标榜荣耀,不仅置于郊坛、孔庙,也用于宫殿、庙宇、陵墓、祠堂、衙署和园林前,还用于主要街道的起点、交叉口、桥梁等处,景观性也很强,起到点题、框景、借景等效果。

清朝末期的孔庙大成殿

解读夫子庙

20世纪30年代的大成殿

"天下文枢"牌坊东西两边各立有"道冠古今""德配天地"两坊。照壁、棂星门和东西牌坊形成庙前广场,"道冠古今""德配天地"两坊。从民国早期图片可知,"天下文枢"牌坊与聚星亭平行,且在东边还有一个平行牌坊。

抗战时期的夫子庙受到日本侵略者摧残

夫子庙早先的牌坊有不少,多为木质结构。牌楼以间楼和楼数多少为依据又可分为"一间二柱""三间四柱""五间六柱"等形式。顶上的楼数,则有一楼、三楼、五楼、七楼、九楼等形式。据说,北京有座"五间六柱十一楼"的牌坊,可能规模当属第一。

南京孔庙形制规整,聚星亭、棂星门、大成门、大成殿、明德堂、尊经阁及魁星阁、得月台等建筑一应俱全,直至民国时期依然保存

保存至建国后的聚星亭,此为民国时期

孔庙照壁

着同治年间所建规模。1935年,孔子77代孙孔德成到南京孔庙举行了隆重的告庙大典。

南京孔庙曾四毁五建,最后一次毁于1937年日寇的炮火中,大成殿、魁星阁、得月台、思乐亭等主要建筑均被焚毁。"文革"时拆尊经阁建四层文化馆,孔庙轴线建筑遭到严重破坏。

41 秦淮"复兴"

太平天国军占领南京后,严令禁娼,秦淮河畔一度萧条,许多商家纷纷撤离南京。湘军攻克南京战斗激烈,"金陵之役,伏尸百万,秦淮尽赤;号哭之声,震动四野"。久经战火后的南京,满目疮痍,百废待兴。曾国藩除重修孔庙外,振兴经济的重要举措就是发展夫子庙的"娱乐业",并且还多次亲临,以示提倡。有一次,幕僚赵烈文有急事找曾国藩,当看到幕主的身影出现在秦淮妓舫上时,十分惊讶,不禁想起曾大人常说的一句自励口头禅:"不为圣贤,即为禽兽。"

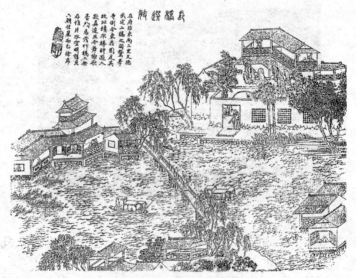

金陵四十八景之"长桥选妓"

当时的江宁知府涂朗轩是位理学名臣,格外道学,坚决反对夫子庙恢复"娱乐业",专门拜见曾国藩,极力要求禁止。曾国藩却笑着说,等我领略了它的趣味再禁止也不晚。一天晚上,曾国藩邀请钟山书院的山长李小湖一起摇着小船进入秦淮河，看见画舫铺满河面，处处笙歌，一派繁华景象。曾国藩非常高兴，游玩了一个通宵。第二天就把涂知府叫来对他说："君言开放秦淮恐滋事端，我昨夕同李山翁游至通宵，但闻歌舞声声，初无滋扰之事，且养活细民不少，似可无容禁止矣。"

曾国藩曾说："闻淮河灯船，尚落落如曙星，吾昔计偕过此，千艘梭织，笙歌彻宵，洵承平乐事也。"有了当地最高领导的大力支持，夫子庙表面上很快恢复了繁荣。

清朝末期的夫子庙聚星亭

据传，一位名妓病故，曾国藩送了一副挽幛，题道"未免有情"。更相传有一个妓女，艺名少如，也颇有文才，曾国藩拟将"少如"这两字嵌到联中，先写上联："得少住时且少住"，意思是能偷闲在这里休息片刻就休息片刻。不料这"少如"提起笔来写道"要如何处便如何"，搞得曾大人一时不知如何回应。妓女与朝廷重臣如此调侃，有"戏说"之嫌，但曾国藩许可夫子庙成为"红灯区"却是史实，并且令曾大人没想到的是其三女婿竟是夫子庙的常客。

曾国藩讲究门当户对，他最早嫁出的四个女儿，都由他一手做主，嫁入名门望族。但大女婿袁秉桢却放荡而残暴，大女儿吃尽了苦头，以至于30岁便离开了人世；二女婿陈远济，虽幼时聪颖，长大后却庸庸无为，也不思进取，致使曾国藩的二女儿郁郁寡欢；四女婿郭刚基为人与学问都不错，但体弱多病，21岁便撒手人寰，留下曾国藩的四女儿曾纪纯与两个孩子，孤苦伶仃。

三女婿罗兆升虽是晚清儒将罗泽南之子，却是个纨绔子弟，整日醉生梦死，流连于风月场所，不加克制，时常惹出麻烦。据载，三女儿曾纪琛坐月子时，罗兆升仍不忘去夫子庙找乐子，最后被人绑架。曾国藩全家在全城找了一个遍，也不见这位姑爷的影子。曾国藩也怨这位女婿太丢人："十八九岁，当了父亲的人，还这样不懂事，外出冶游两天两夜不归家。"

要是自己的儿子，曾国藩早就采取家法惩治了，但对这位不争气的女婿却奈何不得。罗兆升不见音讯，让曾国藩陷入被动，总督衙门的人也在背后议论这位姑爷，甚至有人说罗兆升迷恋青楼女子。这些话传到曾国藩耳朵里，让他颜面大失，却又不敢声张，只能再次"打落牙往肚里吞"。

发展"娱乐业"只能带来表面的"繁荣"，但要做到真正的"昌盛"，靠"娼"是远远不行的！曾国藩发展夫子庙的策略，虽然"养活细民不少"，但是依然改变不了经济下滑的大趋势，并且对社会风气产生极大的消极影响。

曾国藩好下围棋，要与夫子庙高手周小松对弈。当时围观者众多，周小松怕赢了有损曾大人面子，砸了自己饭碗，输了怕被天下人耻笑。周小松棋高一着，棋盘下得满满的，最后成为和局。曾大人走后，大家复盘看局才发现：周小松用棋子围成了九个"品"字。此后，曾国藩落得个"九品棋手"美称。

曾国藩是撰联高手，写有秦淮名联：栋材尽杞、梓、梗、楠，带来衡岭春去，荫临吴地；源派溯湘、资、沅、澧，分及洞庭秋月，照彻秦淮。当时在南京还有一位与曾国藩齐名的撰联高手，此人便是大名鼎鼎的薛时雨。

薛时雨题写"停艇听笛"

薛时雨生于1818年,是晚清著名的教育家,曾先后执掌尊经、惜阴两书院十七年,倾心育才,桃李满天下。薛时雨文字功底深厚,诗词咏赋精妙,尤其擅长对联,其隽永韵味的词句至今仍为联家及百姓津津乐道。

薛时雨写的对联,有一半是描述南京的,其中又有不少是写夫子庙的。薛时雨写南京的对联,无论是题咏名胜,还是凭吊古迹的,甚至为南京官宦、士绅、文友、歌妓所写的寿联、挽联、贺联、赠联,不仅对仗工整、音调铿锵、朗朗上口、文采斐然,而且非常切人、切事、切时、切物,深为人们喜爱。

曾国藩为恢复经济,力推秦淮旅游,画舫游艇重现秦淮河上,歌妓舞女、贩夫走卒、三教九流又聚淮水两岸,辛苦谋生,民困渐舒,商贸渐兴。薛时雨对曾国藩的这般举措深为赞成,常和门生故旧在秦淮宴集。当时的风尚是凡有宴集,大都要召歌伎侑酒。他赠给秦淮歌妓的对联就有几十副。这种赠妓联虽无多少深意,只是逢场一乐的文字游戏,却也能反映出撰联者的学识、趣味。薛时雨的赠妓联不入媚艳之俗,多以机巧、博雅见长。

薛时雨像

一次,薛时雨要离开南京一段时间,回全椒老家办事,一班故交和门生在秦淮河房设宴为之送行。席间,歌伎花君敬酒求赠对联,并询问何时归宁。薛时雨微笑不答,挥毫写下"花开堪折直须折;君问归期未有期。"刚写完,花君的妹妹花相也跑过来相求,薛又写下一联:"花开堪折直须折;相见时难别亦难。"这是两副嵌字集句联，联首分嵌花君、花相之名。两联的上联同为一句，取自唐代无名氏的《金缕衣》一诗，下联分别取自唐李商隐的《夜雨寄北》和《无题》两诗。这些为人们熟知的诗句，被薛时雨信手拈来，巧为组合，平仄相谐，妙趣天成。文思之敏捷，才情之博雅，令在座众人无不叹服。

薛时雨是教书育人的大家，其学识功底也常在宴饮雅聚时不经意间流露出来。一天，薛时雨带弟子游秦淮，在杨氏水阁楼上小聚。杨氏水阁位于贡院东街，面向秦淮河，有石栏杆可系画舫。主人殷勤招待，乘机求联求匾。薛时雨先写了一副楹联："六朝金粉，十里笙歌，裙屐昔年游，最难忘北海豪情、西园雅集；九曲晴波，三生梦影，楼台依旧好，且消受东山丝竹、南部烟花。"上联写史，下联叙今；古今交融，回味无穷。在欣赏吟诵中让人强烈地感受到秦淮文化源远流长的魅力。这副名联后来被收入多种联话书中。

写完此联后，薛时雨思考如何题匾，这时有弟子问他，何谓汉字四声？正凭栏俯视淮水的他，见画舫停桨，对面为"邀笛步"处笛声悠扬。"邀笛步"地名是因东晋大臣桓伊在秦淮河边应王徽之邀请，踞胡床为之吹笛的典故而来。薛时雨心中一动，写下"停艇听笛"四个字，对弟子说，你们念念这就是汉字四声。刘氏主人虽是湘籍武将，但也略通文墨，在旁连读了几遍，越读越觉得妙不可言。

"停艇听笛"四个字不仅展现出一幅生动的画面，而且最妙的是"停艇听笛"四字读音相近，完全切合古代汉语字音的"平、上、去、入"四个声调，令人叫绝。据说这样切景、切地、切事又切四声的匾额，只有四川华阳县城隍庙古戏台上的"世事视是"匾与之同妙。

杨氏水阁挂起薛时雨的对联和匾额，蓬荜生辉，羡煞左右邻居商家，不少也挂起了"停艇听笛"的匾额，一时成为流行。杨氏河厅，后来改为"问柳"茶馆、"万全"酒菜馆，成为文人们聚会喜欢的场所。六朝春菜馆的临河大厅到民国时期仍挂着"停艇听笛"匾额。

43 曾国荃秦淮"钓鱼"

夫子庙歌舞升平,繁华得以恢复,成为当时藏污纳垢的金粉声色之地。狎客歌妓们醉生梦死,寻欢作乐。政府多次想禁娼,但往往稍后就死灰复燃。沈葆桢督两江时曾下令严禁娼妓,风尘女子一时烟消云散,并要求其他各府也响应。但有扬州太守来见沈说:"你越禁娼,我府治下娼妓就越多,妓女多是扬州人,我不能不让她们回家。"沈葆桢听后,只好放松查禁。

1884年至1890年间,曾国荃两督两江达六年,上任之初也看不惯夫子庙的"繁荣娼盛",打算颁布禁娼命令。他的幕僚薛慰农闻讯后,向他呈上一首诗:"六朝金粉久荒凉,才有生机上绿杨;修到秦淮风月长,岂宜飞牒捉鸳鸯。"力劝曾国荃保持来之不易才恢复的"生机",如果严禁风月之事,肯定不利于南京经济的复苏和发展,直接影响到国计民生。

太子少保顶品顶戴两江总督一等威毅伯曾國荃

曾国荃像

曾国荃读诗之后很快醒悟过来,只是加强了对秦淮河的治安防范,再没有下令查禁那些野鸳鸯了,以"养活细民"。慢慢的,曾国荃也成了秦淮河畔的常客,喜欢上了这里的"夜生活",他常约些幕府同僚旧友,大摆酒宴,大吃大喝。他对明末侯方域狎李香君念念不忘,常寻径来到"媚香楼",登楼远眺怀古。

曾国荃与其兄曾国藩不同,不但敢于受贿,还善于索贿,只是碍于在总督衙门里人多眼杂,易于外露。曾国荃看中夫子庙钓鱼巷附近的一个妓院,作为他秘密收受贿赂、进行权钱交易的场所。白天公堂办公,晚上妓院"钓鱼",曾国荃的总督生活好不惬意。

解读夫子庙

两江总督署的东、西辕门及东卫门

曾国荃在两江总督任上捞足了油水,对希望升官发财或打赢官司的人,都要狠狠敲一下竹杠。他将幕僚派往钓鱼巷的妓院,做各种交易,接受各种各样人的贿赂。南京人至今流传着曾国荃的种种"钓鱼"趣谈。

两江总督署东、西卫门上分别刻有"两江保障""三省钧衡"横匾。聪明的南京百姓就把"保"字拆读为"呆人",将"钧"字粗看为"钓","衡"字可拆成"鱼行",于是就成了"两江呆人障""三省钓鱼行",借此讽刺曾国荃。

还有一位文人为此写了一首名为《钓鱼行》的打油诗:"秦淮画舫暖围春,时有鱼郎来问津。闲坐河房粗误字,钧衡谁是钓鱼人。"钓鱼人者,当然是指曾国荃了。

曾国荃不像其兄曾国藩那样低调收敛,而是有些张扬,如果晚清有富豪排行榜,他完全可以占上一席。曾国荃敛财后,将湖南双峰老家的府第修得富丽堂皇,十分气派,差一点让皇帝查出有"僭越"之嫌。曾国荃病逝于两江总督任上,终年66岁,谥号忠襄。

闲话夫子庙街巷

夫子庙的街巷交织，每条都有着说不完、道不尽的故事。

曾国荃"钓鱼"的钓鱼巷，相传是因一位皇帝在此钓鱼而名。据载，明武宗朱厚照南巡时曾到徐园，有雅兴在晚静阁下垂钓，得一金鱼，随从官吏为讨好皇帝，竞相争购。武宗不亦乐乎却不慎落水。白鹭洲公园内也有一景讲述此事。

随着夫子庙的兴盛繁华，钓鱼巷逐渐成为夫子庙妓女聚集之地。每年农历六月十一，夫子庙的妓女们都要到钓鱼巷的老郎庙赶庙会，也叫"老郎会"。老郎庙里供奉的老郎神，就是这些倚门卖笑妓女们的祖师爷，有人认为这老郎神是春秋时期的管仲，这未免太糟蹋这位名相了。据载，管仲首开官妓，所以才被妓女们供奉。

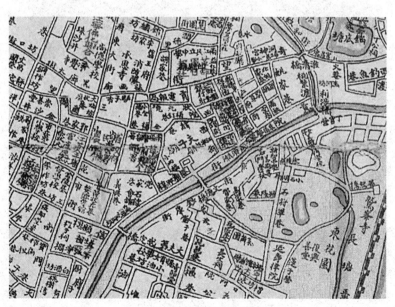

1928年的夫子庙地区

妓女们白天拈香膜拜,十分虔诚。晚上,桃叶渡一带河面,画舫云集,商富巨贾们都要在画舫上设席打牌,为其相好捧场,笙歌如沸,笑语喧哗,河面上一片乌烟瘴气。

石坝街因金陵闸石坝而得名。陈作霖《东城志略》中云:"国朝康熙间,改筑石坝(夫子庙石坝街)而桥始废。"石坝街有两多:一是会馆多,贵池试馆、歙县会馆、江阴试馆、武进同乡会;二是河厅多,有集园林水榭于一体的刘氏河厅、周氏河厅等。

位于中国科举博物馆西侧的"龙门西街"门头(今摄)

大石坝街及秦淮两岸的沿河人家,又称"河房",门卷珠帘,河泊画舫,豪竹哀丝,玉软香温的旖旎风光,不知迷倒了多少王孙公子,连空气中都带有香味,饭菜的香味,脂粉的香味,混在一起,莺歌燕舞,纸醉金迷。这一带河房很多,以石为基,亭台厅室均雕梁画栋。

南京有句俗语:"家住石坝街,十有九家歪。"石坝街谐音又叫"十八街",是六朝金粉集中的地方,也是妓女云集的风月场所,吃喝嫖赌一应俱全。石坝街不仅是夫子庙的代名词,更是花街柳巷的代名词,一间间红楼妓院彼此相连,一个个皮条妓女争相拉客。几条不宽的街巷都叫"石坝街",只是在前冠以大、小、东、西等字样加以区别。新中国成立后南京人一般耻于说家住石坝街,因为怕别人误会是"风尘女子"后代,往往在告诉别人地址之余,总要加上一句"后来搬过去的"之类赘词,以示"清白"。

琵琶巷原有水沟建在街中心,上面盖条石,石质有松紧,石块宽窄厚薄不一,每到雨天走在上面,敲击有声,犹如弹琵琶,清脆悦耳,故名。

太平天国战火后,南京流行瘟疫,特别是天花。曾国藩于同治年间建天喜长生祠祀瘟神,设医送诊,以后为医药公会所在地。长生祠地名保留至今。

西石坝街拓宽前后对比

民国时期的书店都集中在夫子庙泮宫内外，贡院西街的状元境主要出售线装书，其中名气最大的当属专门销售四书五经的李光明庄。南京有句歇后语"李光明的伙计——做（坐）书（输）"，比喻运气不佳，逢赌必输。私塾消失后，学校兴起，书店的生意一落千丈。夫子庙的书卷气是越来越少。

新中国成立前的南京是个消费城市，造成了夫子庙地区的畸形繁荣，花天酒地、歌舞升平。旧时漫步在黄昏的夫子庙，划拳声、丝乐声、调情声、乞讨声……夹杂着脂粉与鸦片烟混在一起的气味，从标榜着卖艺不卖身的清唱少女，到沿街拉客的半老流莺，从寻欢作乐的风流客，到三五成群、依门招手、打情骂俏的妓女，真是应有尽有。

新中国成立后，夫子庙得到多次整治。夫子庙的扩容早已把乌衣巷、石坝街容纳进去；大石坝街建成了宽阔的大路，两边新建的酒楼饭馆一律是古色古香，是远近闻名的饮食一条街；东石坝街早已"徒有虚名"地并入了居民小区；而小石坝街则"名存实亡"，只剩下几个门牌号码了。原先三四米宽的西石坝街，拓成了二十多米宽，与平江府路相连，成为沟通建康路与长乐路的主要通道，两边文化、体育、娱乐、餐饮设施一应俱全。

为了更好地便于游客观光，夫子庙设定了步行区，金陵路、贡院西街、龙门街、贡院街、大石坝街、状元境等道路均限制车辆通行。步行区内设有电瓶观光车和黄包车，也不失为游客的代步选择。

45 江南贡院规模为全国之冠

清康熙年间,始划分苏、皖两省,而政治、军事仍为一体,乡试仍沿用明南京近畿制,两省举子都来南京应试,但不是各县所有的秀才、廪生都可以参加考试,而是要事先通过预试录取。

1853年太平军占领南京后,江南乡试被迫停止,江南贡院建筑也遭毁灭性破坏。1864年湘军攻克南京时,除明远楼、衡鉴堂、至公堂等建筑尚存外,"监临主考官及各所片瓦无存",一派衰败景象。为笼络士子、争取民心,曾国藩果断决定立即修复江南贡院,不仅要把贡院的规模加以扩大,还希望当年就开科考试。其时正是乡试之年,全国各省都已在八月按期举行了秋闱,唯独苏、皖两省例外。经曾国藩多次到工地视察督促,十月底江南贡院按期修竣。"遂定本年十一月举行乡试,一以慰群士进取之志,一以招转徙无归之氓。"消息一出,"两江士人,闻风鼓动,流亡旋归,商贾云集",当年就有2万考生涌进江宁城,情形犹如1977年恢复高考。

1910年的江南贡院及明远楼

1867年，继任两江总督李鸿章继续在江南贡院增加号舍数百。此后，贡院于1869年、1871年、1873年又经几次增扩，至同治年间，江南贡院达到鼎盛规模，达"房屋四百九十九间，披厂七十四间，号筒二百九十五字，共号舍二万零六百四十四间"，另有主考、监临、监试、巡察以及同考、提调执事等官员的官房千余间，再加上膳食、仓库、杂役、禁卫等用房，更有水池、花园、桥梁、通道、岗楼的用地，占地面积超过30万平方米，规模之大、占地之广、房舍之多为全国贡院之冠。

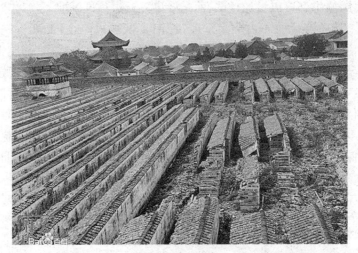

1912年的江南贡院

　　江南贡院考生众多，数次扩大规模，由于地理上受秦淮河、孔庙和学宫的制约，贡院重心逐渐东移，最终形成了一个不规则扇形。这种形状在清代18个贡院中绝无仅有。江南贡院东起姚家巷，西至贡院西街，南临秦淮河，北抵建康路，为夫子庙地区主要建筑群之一，秦淮河畔也因贡院、夫子庙的存在而一度繁荣起来。

　　1905年，袁世凯、张之洞奏请立停科举，以便推广学堂，咸趋实学，江南贡院从此结束了它的使命。从贡院落成到晚清废除科举，江南贡院为国家输送了800余名状元、10万名进士、上百万名举人，明清时期全国半数以上官员都出自江南贡院，清代科考共举行112科,其中在江南贡院乡试中举后经殿试考中状元者,江苏籍49名,安徽籍9名,共计58名,占全国状元总数的51.78%。

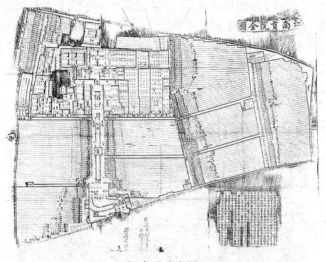

江南贡院全图

中国的科举制一直到清代初期传到了西方,形成了现在的西方文官考试制度,被称为对世界人类进程有巨大影响的中国第五大发明。1918年,江南贡院大部分被拆除,只保留了明远楼、至公

保存至今的飞虹桥

堂、衡鉴堂及少量号舍。除作为历史文物外,余下部分全部拆除,辟为市场。

  1927年3月,国民革命军占领南京后,南京工人在中国共产党的领导下,在明远楼成立了南京市总工会。6月1日,南京市政府成立后,明远楼成为市政府大门。当年明远楼拱券形大门上方

国民政府定都南京后,江南贡院成为南京市政府办公地

江南贡院在抗战时期一度为汪伪政府的司法院和行政法院

科举博物馆南院大门

悬挂着"南京市政府"匾额,大门两侧挂有"首都建设委员会"等门牌。南京市政府成立后,仅仅对江南贡院的旧屋进行了修葺,作为各局办公室,所以显得异常拥挤。抗战时期,这里成为汪伪政权的行政院、最高法院所在地。

新中国成立后,江南贡院被南京市中医院占用。20世纪80年代,明远楼到至公堂的1 000平方米范围作为江南贡院遗址,成立了我国唯一反映科举历史的专业博物馆。飞虹桥则在南京市中医院内。

江南贡院创造了古代科举考场中国之最。2012年,中国科举博物馆在江南贡院遗址扩建,规划总占地面积约6.63公顷,建筑面积9.2万平方米,将打通江南贡院历史轴线,进一步建设文化旅游配套设施。

夫子庙建筑群除孔庙、学宫、贡院之外,最有特色的当属河房。

46 秦淮河房

　　河房，特指南京秦淮河两旁的房舍，因为依水而建，所以在设计时又加入了一些因地制宜的因素。比如有的河房因为河岸不太牢固，于是要先对河岸加固，也就是驳岸；有的房子要在水面上加个露台，就会把露台的桩打到河里。

　　秦淮河房的历史最早可以追溯到孙吴时期，随着商业的发展，两岸逐渐繁华，旖旎风光吸引了众多文人骚客、达官贵人的目光。孙吴之后，一些有钱人也开始到此修建河房居住，东晋的王导、谢安等豪门大族就在乌衣巷附近临河修建宅院。

　　到了明代，朱元璋定都南京，夫子庙一带商贾云集，许多富豪在内秦淮两岸筑有别墅河房，雕栏画栋，绮窗珠帘，富丽堂皇。

　　因为贡院修建在秦淮河畔，每年都有数万考生涌进南京，于是在贡院周边催生了一大批书肆、客栈、茶楼甚至青楼，王公贵族、达

清末民初的秦淮河两岸

官显宦纷纷在此盖楼建宅,秦淮河益发繁华起来。

民国时期的秦淮河泮池东、西两岸

　　河房并不是都一定与河水相通,其建筑风格主要是以南京民居建筑风格为主,即"青砖小瓦马头墙,回廊挂落格扇窗"。南京古民居墙体主要是清水砖墙,这和徽州建筑的粉墙黛瓦有着明显的不同。清水砖墙用料考究,加工精湛,运用材料的天然色彩、质感,产生落落大方的优美效果,又暗示了主人的富足。

　　秦淮河房除了受到达官贵人的青睐,也受到科考学子的热捧,特别是到了科考阶段,大批学子涌入贡院一带,在此积极准备考试,秦淮河房房租水涨船高,成为南京众民房中的天价房。

　　明代文学家张岱在《陶庵梦忆》专门写道:"秦淮河房,便寓、便交际、便淫冶,房值甚贵而寓之者无虚日。画船箫鼓,去去来来,周折其间。河房之外,家有露台,朱栏绮疏,竹帘纱幔。夏月浴罢,露台杂坐。两岸水楼中,茉莉风起动儿女香甚。女各团扇轻纨,缓鬓倾髻,软媚着人。年年端午,京城士女填溢,竞看灯船。好事者集小篷船百什艇,篷上挂羊角灯如联珠,船首尾相衔,有连至十余艇者。船如烛龙火蜃,屈曲连蜷,蟠委旋折,水火激射。舟中鏾钹星铙,宴歌弦管,腾腾如沸。士女凭栏轰笑,声光凌乱,耳目不能自主。午夜,曲倦灯残,星星自散。钟伯敬有《秦淮河灯船赋》,备极形致。"

现在秦淮河沿岸建筑也有河房的痕迹

明末文学家、抗清英雄吴应箕在《留都见闻录·河房序》写道:"南京河房,夹秦淮河而居。绿窗朱户,两岸交辉,而倚槛窥帘者,亦自相辉映。夏月淮水盈漫,画船箫鼓之游,至于达夜,实天下之

秦淮夜色

丽观也。"从文字中可见河房的地理位置和目及风景在当时是何等的讲究。

康熙时期,南京老城南到处都是房产中介。《秦淮文物史迹录》中记载,四周全是房产中介所。那时的中介叫做房牙子,负责帮人换房、买房、借房、租房。《儒林外史》里提及了这里的河房,"当下走过淮青桥,迟衡山路熟,找着房牙子,一路看了几处河房,多不中意,一直看到东水关。这年是乡试年,河房最贵,这房子每月要八两银子的租钱……当下房牙子同房主跟到仓巷卢家写定租约,付了十六两银子。"

小说《白门柳》也多次提到南京秦淮河畔的河房,如余家河房、桃叶河房等。南京现存河房中保存最完好、最有历史文化价值的,当属糖坊廊61号陶氏河房。该河房由陶氏建于清代中晚期,建筑由跑马楼两进和河厅一进组成,也是中国唯一的"菱形"河房,其地砖及部分房屋构件亦呈菱形,大门位于西侧中部。不仅房屋的构造是菱形,就连地上的青石板、木头的结合处等房屋部件也是菱形。菱形地砖俗称金砖,因为把砖拎在手里敲击,能听到"金石之音"。其扇扇门窗,从上到下,构图形式统一,但花纹无一雷同,内容丰富多彩。

47 端午节赛龙舟

明清时期，南京人过端午节，吃过午饭以后都有到夫子庙观看秦淮河上龙舟竞赛，有"五月五，划龙船，过端午"的民谣。秦淮河上的赛龙舟全国有名。

关于端午赛龙舟的起源，主要有三种说法：一是起于春秋越王勾践"悯（伍）子胥之忠"，每年哀悼于江；二是纪念东汉曹娥，其父为免除世人水患祭水而亡，尸体难寻，曹娥昼夜不止沿江呼号寻父，溺死于水；三是哀悼屈原，此说较广。夫子庙的秦淮龙舟赛起源于纪念伍子胥较为合理可信。

南京龙舟，自古形成三大帮派。据《岁华忆语》："秦淮河船户敛资为之，曰河帮；外江船户之入城者，曰江帮；上新河之木商所集者，曰木帮。午日，各帮咸集于夫子庙前之泮池……"，以争奇斗胜取乐。

手工绣品《百子赛龙舟》

夫子庙前的泮池曾是龙舟竞技之地

龙舟比赛时,各帮都竭尽全力,力争出彩。龙舟均饰以采亭,五彩缤纷,选些俊男美女扮演戏剧中的人物,坐在舟中,四至六人敲打锣鼓以助兴,艄公掌长竿,"长年之好身手者,于上作种种游戏"。

民国时期贫穷的船工

当龙船划过时,沿河两岸人家掷银角、铜钱或放鹅鸭,各龙舟争相取之,以夺取为乐,称之为夺标。这一天南京城男女老幼倾城出游,罗绮如云,游舫蚁集,金鼓喧振,欢声雷动,热闹程度不亚于观灯。富户人家还事先定租游船,泛舟览胜,至夕乃归。一般人家只在岸边及桥上观看,也有许多人在河房观赏龙舟竞技,但观赏的最佳地点却是文德桥。

文德桥成为观龙舟的最佳地点,东望泮池,舟从桥下过,那看得才叫真切。届时,人在桥上挤得满满的,这文德桥能承受住这么多人又蹦又跳吗?

站在文德桥上,遥想当年龙舟竞技

48 文德桥的栏杆"靠不住"

从东水关到中华门，秦淮河上有7座桥，依次为文正桥、平江桥、文源桥、文德桥、来燕桥、武定桥、朱雀桥。其中，名气最大的当属文德桥。

文德桥历史悠久，六朝时期为浮航。史载，明朝万历年间有位周姓少卿认为，自嘉靖以来，南京很少出状元、进士，主要原因有两个：一是夷平了卫山，建造了尊经阁，破坏了夫子庙风水；二是泮池内西流不息，蓄不住"文气"。1585年，文德桥建成，为石墩木架桥，次年南京人焦竑就高中状元，人们对周少卿之言信以为真。其后，文德桥几经翻建，石木互易，历代均有修葺，终成为石墩水泥桥。

"文德"二字取自儒家思想"文章道德天下第一"，即文德以昭天下之意。夫子庙的秦淮河北岸是科举重地，对岸则是名冠江南的酒肆妓馆之地。文以载德、厚德载物的儒家正统，与及时行乐、

抗战初期的文德桥十分简陋，栏杆依然"靠不住"

民国后期的夫子庙,妇人坐在泮池栏杆上,身后为文德桥

纸醉金迷的金粉之地,隔河相邻。南京民间虽有"君子不过文德桥"之说,但越过文德桥的君子却络绎不绝。

文德桥不仅是连通秦淮两岸的要道,也是百姓观景的佳处。每年农历十一月十五日的深夜子时,升至中天的圆月会把它在秦淮河里的影子一分为二,各投在文德桥的东西两侧。无论从桥的哪侧往下看,河里都只有半边月亮,称"文德分月",又称"文德桥上

现在文德桥的栏杆完全"靠得住"

半边月",此景缘于文德桥正南北走向,正处日暑子午线上之故,"文德分月"与无锡"二泉映月"、杭州"三潭印月"齐名。

吴敬梓在文德桥见此奇观后,激情如喷,不禁咏诗:"天涯羁旅客,此夜共婵娟,底事秦淮水,不为人月圆。"其妻在安徽看到这首诗后,举家搬至南京,却没有看到这"分月"奇观。吴敬梓又赋诗为:"秦淮波荡月,也能惜婵娟;从此清辉满,长为人意圆。"可见,这"分月"奇观并非每年都见到。

文德桥是赏月、观龙舟的佳处,往往人满为患,桥边的木质栏杆经不住那么多人挤靠,经常倒塌,南京就流行"文德桥的栏杆——靠不住"的歇后语。明清时发生多次桥栏塌陷事故。

1904年端午节,人们挤在桥上争观龙舟竞渡,正当兴高采烈之际,桥栏断裂,桥身倾塌,造成了数百人落水的惨剧。当时哭叫声一片,场景惨烈,端午节秦淮河上龙舟赛事从此停止。相传幼年的茅以升那年正好生病在家未能去观看龙舟,后来听小伙伴们讲述其事,便暗下决心立志修建桥梁。

文德桥的栏杆何时才"靠得住"?据1929年的影像资料,那时的文德桥栏杆是西式的,有一人多高,看来当时政府已经注重安全,提升了栏杆高度和质量。抗战初期,南京沦陷,文德桥的栏杆被破坏后,草草维修,根本"靠不住"。

新中国成立后至"文革"期间,文德桥仍为木结构,经风吹雨淋,板缝间隙很大,围栏处栏杆不少已经朽腐,拾阶而上,桥面晃晃悠悠,桥身也只是简单地油漆了一下,通身浑黑,推车及稍大型的车辆难以上桥。

新中国成立后,文德桥多次修葺。1976年,桥面改为三孔钢筋混凝土板。1998年,将桥的栏杆改为汉白玉砌筑,桥面铺设花岗岩板,桥墩呈船形,为明代遗物。现在的文德桥栏杆"靠得住",但因多次改造,"文德分月"奇观很难看到了。站在文德桥上东眺桃叶渡,西望武定桥,景色绝佳,许多摄影佳作都出自于此。

49 陈独秀参加乡试

参加过南京贡院考试的名人很多。唐伯虎1498年在乡试中高中"解元",第二年在北京参加会试因涉嫌舞弊案而蒙冤入狱,从此淡泊功名,致力书画;1531年,26岁的吴承恩乡试落第,后经多次乡试失败,终在42岁才中岁贡,60多岁当上浙江长兴县丞后不久即被撤职,仕途困顿,改而专心著述,写出《西游记》……其中既有中榜名人,也有落榜不落志的精英。陈独秀就是从乡试中悟出人生真谛。

与江南贡院相关的名人有不少

1897年盛夏,18岁的陈独秀踌躇满志,从安徽古城安庆来到南京参加乡试。他在途中发现有秀才借乡试之机,夹带私货躲避关卡,钻国家空子大发横财。陈独秀仰天长叹:"如此朝政,有辱斯文!"

陈独秀在夫子庙感触颇深,没想到南京最繁华的地带街道与安庆小城一样狭窄,感叹畸形繁华下的高涨物价,店铺林立,商品琳琅,秦淮河水散发着阵阵腥气,不时有些花枝招展的姑娘招摇过市。

考试那天,陈独秀起个大早,带上必备品赶赴贡院。陈独秀坐在狭小的号舍里,吃的是或半生不熟或烂熟焦煳的挂面,心情糟透了。陈独秀发现自己的号舍毗邻厕所,阵阵臭气不断,煎熬难耐。

陈独秀环顾四周,发现一些考生怪像。一位徐州的大胖子,将大辫子盘在头顶,全身一丝不挂,脚踏一双破鞋,手里握着试卷,脑袋左右摇晃,拖着怪声念他那得意的文章,念到得意处,用力把大腿一拍,竖起大拇指叫道:"好!今科必中!"

陈独秀竟然"呆看了一两个钟头",觉得这位"今科必中"滑稽考生如果如愿,那真是科举不幸,想象出这些怪人当官时的场景就十分好笑。陈独秀思想完全开了小差,无心考试,结果名落孙山。

陈独秀落榜后,成为一个资产阶级改良主义者,完成了人生历程的第一次政治思想的大转变。他通过阅读《时务报》,茅塞顿开,不仅不沮丧,反而获得了一种思想的大解放,由"选学妖孽转变为康梁派",后成为中国共产党的主要创始人。

陈独秀像

晚清时期,西风渐进,封建思想受到强劲挑战,最终走向灭亡。南京夫子庙作为社会的缩影,经历着血雨腥风、尘埃荡涤。

江南贡院码头

解读夫子庙

50 秦淮新风

1912年，孙中山在南京就任中华民国首任临时大总统，结束了中国两千多年封建统治，开创民主共和，为这个旧浊的古城带来了新气象。

一天，孙中山带了几名卫士来到夫子庙，走进文德桥南岸的得月台茶舍，泡了几杯茶。不凡的气质吸引着茶客，茶馆内的人渐渐多了起来，孙中山就站到一张桌子上面，操着带有广东腔的国语耐心地向大家讲述国和政体，抑扬顿挫、通俗易懂。

孙中山像

南京百姓饱受战火，在革命军光复前才受过张勋辫子军的蹂躏，对和平充满渴望，纷纷喊到："我们要和平，不要战争！"孙中山表示认同后表明自己身份。大家高呼："大总统万岁！"孙中山一边挥手致意，一边走出得月台，离开夫子庙。

民国肇始，万物更新，新事物的发展仍受到旧势力的阻碍。孙中山下令剪掉头上留了300多年的辫子，并派军人在各个闹市强制为百姓剪辫。有人怕满清死灰复燃，秋后算账，三躲四藏地保住头上的"猪尾巴"。

民国财政紧张，发行军用票，包括夫子庙在内的许多商家都拒收，纷纷以停市抗拒。民国使用新的阳历，废除旧的阴历，许多商家在结账时难以执行，最后临时政府只好下令，商家结算仍沿用旧历。

孙中山下令严禁开设烟馆、妓院，在贡院街专门设立济良所，收容无依无靠的妓女，诊治梅毒性病，学习技能，择配佳偶，人心大快。夫子庙的妓女全成了歌女。

可是好景不长,其后军阀混战,秦淮污浊之气依旧。为防滋事,确保平安,南京有时18点就戒严,大街小巷一片漆黑。当时南京有句顺口溜:"电灯不明,电话不灵,马路不平,夜里心惊。"

蒋介石统治时期,倡导新生活运动,在泮池照壁上大书:"实行新生活,严禁烟赌娼。"这些标语只对老百姓管用,那些政客富商、军阀大员们照样在此吃喝嫖赌,寻欢作乐。

民国初始,南京街头剪辫子

夜晚,站在文德桥上,东望桃叶渡,西盼来燕桥,画舫穿梭,歌舞升平,灯火如昼,夹杂着酒菜的声气,不难发出"魂断文德桥"的感叹。

位于文德桥北岸的"得月台"

51 整肃歌女

1933年,民国政府下令允许妓女营业,据民国史料载:"秦淮妓女,当年繁盛时,至多不满三百人,近来已有五百七八十人。从前多属扬妓,间有苏帮。近来则大多数为本地人……向来妓女以歌曲擅长,近则以曾在妇校肄业稍有文化程度者为占优胜。"

国民政府定都南京后,首任市长刘纪文为了整顿秦淮秩序,特地开办训练班,专门对在夫子庙卖艺的歌女、鼓书、说书、杂耍等艺人进行每天两小时的培训。此举对夫子庙的娱乐风气起到了净化作用,此后秦淮娱乐风气得到一定好转。

1934年,石瑛任南京市长期间,社会局严令秦淮歌女佩戴"桃花章",以区别于暗娼,维持风化。歌女们自认为卖艺不卖身,佩戴"桃花章"有损人格,群起反对,引起社会舆论关注。最后演变为对桃花典故的辩论,政府方面认为桃花是褒义词,《诗经》中"桃之夭夭",成语中"艳如桃李",诗句中"不如桃李嫁东风"则更有择人而事的善意。而各报看法则大相径庭,以"桃花命薄""桃花江是美人

南京市首任市长刘纪文

51 整肃歌女

国民党党部在夫子庙泮池前的搭棚

槀"相驳,以驳斥社会局"桃符"为祥瑞之兆的说法。

社会局一意孤行,以吊销营业执照相协,严令歌女遵办。夫子庙歌女奔走呼号,争取社会同情,群乐、飞龙阁、文鸾阁、天香阁、全安等清唱社的名歌女陈玉君、翁鸿声、李晓峰、张翠红、丁美玉等纷纷罢歌抗议,更有一位歌女表示辍歌就学,另谋出路,决不佩戴桃花章。

最后,社会局在警方协助下,强制执行。绝大多数歌女迫于生计,只好将桃花章别在衣襟里。社会局也知道适可而止,睁只眼闭只眼地敷衍了事。不到半年,歌女纷纷悄悄摘下桃花章,社会局也不追究,桃花章风波就此不了了之。有位文人为此写有一诗:"歌衫舞袖增繁华,示佩芳标拒拜嘉。屈指花名多似海,持躬愿比玉无瑕。"

茶楼里卖唱的多是清一色的女子,散场后要到捧场的显贵们面前道谢,然后就是陪酒伴宴。女艺人受尽官僚、地痞的欺凌和迫害,有的被"金屋藏娇",有的被迫做"小",有的被逼远走他乡,还有的甚至被逼致疯、致残、致死。

歌女多为贫困所迫,有时更要以容貌谋生,艳则易招是非。在魁光阁唱大鼓的小黑姑娘天生丽质,容貌清秀,回眸一笑,众生倾倒,每唱完毕,掌声雷动,欢声四起,其中不乏好色起哄之人。小黑姑娘因为漂亮招来不少麻烦,许多贪色之徒见不能染指,就妄加造谣,害得她忍气吞声,几乎被逼上绝路,最后嫁给一位商人,才算是找到归宿,从此在鼓坛消失。

王玉蓉身为歌女,锐意进取,改名王佩芳考入京华中学,上学时不施粉黛,身着布衣,一年多也没被人发觉是夫子庙歌女。后来群芳阁举办"歌后"选举,王玉蓉虽以高票当选"歌后",但也因暴露身份而引来学籍纠纷,终被开除。王玉蓉没有自暴自弃,拜王瑶卿为师学艺,终成王派青衣一代宗师。

歌女们的唱台不仅在秦淮两岸,秦淮河上的画舫里也有她们的身影。

南京特别市政府大门上的政府部门

秦淮画舫

如果说夫子庙是幅美丽画卷,那么秦淮河则是串起众多景点的金链。坐在秦淮画舫内,荡漾在秦淮河上,观赏着两岸美景,何等悠哉。秦淮画舫始于明朝初期。

据说,朱元璋有次到夫子庙微服出访,看到秦淮河两岸亭台楼阁,风景宜人,说了句:"惜河中缺少游艇。"拍马屁者闻之即赶造画舫。1372年,朱元璋在元宵节亲赐联对,鼓吹秦淮河上的风月繁华,并下令在河上燃放水灯万盏,发动贵戚功臣和官绅商民坐灯船观赏。当夜,灯船来去,宛若火龙,船内丝竹歌吹,自聚宝门(中华门)至通济门水关,通宵达旦。

其后,画舫数量逐渐增多,成为秦淮一景。《儒林外史》:"城里一河道,从东水关至西水关足有十里,便是秦淮河。水满的时候,画船箫鼓,昼夜不绝。每年四月半后,河上的景致渐渐好了。每到天晚,画船出动,每船两盏明角灯,一来一往,映在河里,上下明亮,

民国时期的秦淮画舫

民国时期的泮池码头

十分热闹好看。"画舫的用途后来发展为不只是观景，也成为寻欢场所。

每年端午一过，秦淮河上就活跃起来，一直持续到中秋节后。鼎盛时期，秦淮河上的船只多达二三百条以上，主要码头有桃叶渡、东西钓鱼巷、大中桥、复成桥等。从石坝街到东水关，近河的一面都有河厅，水面岸上，歌舞升平，将秦淮河水装扮得五光十色，流光溢彩。

民国时期的秦淮画舫

太平军占领南京后,解放妇女,严禁娼妓,画舫一时销声匿迹,直到曾国藩攻克南京后才得以恢复,并带头登船宴请宾客,大小官员便毫无顾忌地相约聚赌、狎妓冶游,秦淮河上"娼盛繁荣",直到民国后期。"桨声灯影连十里,歌女花船戏烛波。"

画舫一般按大小分为五等:走舱、小边港、气不忿、藤棚和漆板。最小的漆板,只有椅凳三四张,索价低廉,一般是三二文人雅士或恋人相聚之用;藤棚常用于数人聚赌之用;气不忿可容八至十人宴聚;小边港又名四不像,可容十多人;最大的叫走舱,俗名大边港,是楼船,分前、中、后三舱,雕梁画栋,后舱有楼阁,可登高眺远看景。这种大船当时只有三条,后来停在泮池,取名"悦来""得胜""文明"。走舱和小边港可称得上是"销金窟"。

有的船家为了招揽游客,将船舱布置得华丽异常,号称"洋派"。有位小有名气的沈姓老板,打的招牌便是"沈老二洋派"。另外,还有专用做接送客人的小划子,又称"小局班船"。晚间大船荡漾,小局班船在各船之间穿梭,接送歌女、胡琴师,好不繁忙。

画舫上灯火辉煌、花天酒地,船工们的生活水生火热,很少娶有家室,被称为"船花子"。秦淮河上还有两个怪人:一位是沦为乞丐的嫖客,水性极好,常下水取物以博游客一笑,妓女们都认识他,怜其没落,都劝新相好们解囊相助;另一位是落魄官宦子弟,常划一木盆,向游客学狗叫乞讨,不给钱就数落纨绔子弟的隐私,搞得一些人见他如见蛇蝎,赶紧给钱打发了事。

国民政府定都南京以后,城内小火车与宁芜铁路接轨,秦淮河上新铺铁路桥,加上河道淤塞,画舫通行线路受到限制,只能从文德桥至桃叶渡间游走。

明代以来,对于秦淮灯船,"守吏有时加以禁束,盛衰靡常,然未能绝也"。

民国后期,内忧外患,秦淮河水质污染,臭味难闻,画舫数量渐少直至消失,却留下了许多关于秦淮画舫的美文佳作。

53 桨声灯影里的秦淮河

南京秦淮河，它那旖旎的风光，尤其是它那蕴含历代兴亡的史迹，历来就是许多骚人墨客歌咏凭吊的场所。1923年8月的一个夜晚，朱自清与俞平伯同游秦淮河，两人不久分别写下了《桨声灯影里的秦淮河》，两篇散文风格不同，各有千秋，广为流传，成为现代文学史上的一段佳话。

当时知识分子对时局有所不满，对未来向往有追求，也有迷惘和苦闷。朱自清写道："这实在是因为我们的心枯涩久了，变为脆弱；故偶然润泽一下，便疯狂似的，不能自主了。"俞平伯则写道："其实同被因袭的癖趣所沉浸。"他们都有着一种精神的渴求，想借秦淮之游来滋润心灵的干枯，慰藉一下寂寞的灵魂。他们不能像古代一些文人那样放浪形骸，因而在灯月交辉、笙歌彻夜的秦淮河上，他们处处显得拘谨，显得与环境很不协调，结果自然是乘兴而去，惆怅而归。

朱自清在文中写道："夜幕垂垂地下来时，大大小小的船上都

清末时期的夫子庙泮池挤满了画舫

53 桨声灯影里的秦淮河

20 世纪 20 年代的秦淮河

点起了灯火,从两重玻璃里映出那辐射着的黄黄的散光,反晕出一片朦胧的烟雾;透过这烟霭在黯黯的水波里,又逗起缕缕的明漪。在这烟霭和微漪里,听着那悠然的间歇的桨声,谁能不被引入他的美梦去呢?"画舫不只是情色,更有的是那情调。

俞平伯追求的是"朦胧"和"浑然"的境界,在柔婉细腻的笔墨中显出了一种清幽和空灵的意境,却没有朱自清那种亢奋的情绪和执著的追求。两人的名作,使秦淮河更加充满着韵味。

南京素有"火炉"之称。夏季的夜晚,泛舟秦淮河,凉风习习,别有情趣。华灯初上,游客从泮池上船,船上摆放有桌椅,桌上放有香茗、干果、小吃等。有的大船中舱可布置筵席,后舱还有炕铺,可供困卧休息。有时船上还招来歌女、乐师,饮酒作乐,歌声伴随着桨声的节拍,别有风味。

上世纪初的秦淮河夜色

历来描绘秦淮灯船的书籍有不少,如《秦淮画舫录》《水天余话》《青溪笑》《青溪花略》《石城咏花录》等,《秦淮灯船曲》有诗云:"遥指钟山树色开,六朝芳草向琼台。一园灯火从天降,万片珊瑚驾云来。"秦淮画舫是南京地方特色的一道风景。

上世纪末,以夫子庙景区为中心的秦淮风光带开始规划建设,秦淮河污水得到治理,河道拓宽,沿河房屋和街道按明清风格建造或修饰,兴建了高低错落、富有地方传统特色的河厅河房、歌楼舞榭,一批文物古迹和旅游景点得到恢复,并在河上恢复了绝迹多年的"秦淮画舫"。特别是夜游秦淮河,灯火阑珊,美不胜收。

现在,从泮池的码头坐上"秦淮画舫",游历在东起桃叶渡、西抵中华门1.8公里的秦淮河中,除孔庙、江南贡院、白鹭洲公园、桃叶渡以外,还能领略东水关、萃苑长廊、武定桥、中华门城堡等多处景点。不但将沿河美景尽收眼底,还能观赏到岸上难以看到的景观。

春节期间的东水关水域,布置有水上花灯

文源桥曾称为"黄公桥",是为了纪念1391年的洪武状元黄观而名。黄观在乡试、会试、殿试中均获第一,再加上秀才一级的三场考试,总共六场第一,后人送他一副对联:"三元天下有,六首世间无"。

东水关又称"上水门",秦淮河在此流入南京城,并被分为内秦淮河和外秦淮河。东水关建于五代十国的杨吴时期,朱元璋定都南京后,将它辟为通济水关,共有三层,每层11券,共33券。"券"又称为"偃月洞"。上面两层可用于储藏物资及驻扎守城将士,下层用于调节内秦淮水位和防洪之用。第一层由于战乱而毁坏,中层和下层保存至今。

桥洞下的浮雕是岸上看不到的。平江桥下有拜师、求学、访友及赶考四图浮雕,反映出古代考生们的学习、考试过程。朱雀桥下是大小不一、各种字体写就的刘禹锡名诗《乌衣巷》。

萃苑长廊是古代考生点名的地方,考生们在此排成长队,被一一点名后就进入贡院参加长达9天6夜的三场考试。唐伯虎、郑板桥、吴承恩、袁枚、翁同龢、方苞、张謇、陈独秀等名人都在此地出现过。

现在泮池的秦淮画舫游客码头

中华门城堡是明代南京城的正南门,又称聚宝门,其瓮城为国内现存规模最大,也是世界上保存最完好、结构最复杂的堡垒瓮城。中华门位于内、外秦淮河之间,是旧时南京城南交通咽喉所在,其东、西两边的门东与门西自古就是繁华之地。

夫子庙的夜色最美,流光溢彩,灯火通明。

桨声灯影秦淮河,在水中欣赏美景,自在悠哉,心情愉悦。那么,人在岸上,也能坐着欣赏美景吗?

54 黄 包 车

南京城市面积较大，人口众多，抗战前人口已突破 70 万，但交通工具有限，民国时期，黄包车、马车、汽车三者竞争，各有优势。因为汽车是奢侈品，公交客车数量不足百辆，线路长期只有两条，所以黄包车的竞争对象主要还是马车。

黄包车，又称人力车，在清朝末期由上海传入南京。南京市内早期的黄包车是由下关、鼓楼和汉西门等地的几家铁轮大车厂制造，车厢为方形，木制车轮外加铁箍，由于式样是由日本传入的，故此也被称作"东洋车""洋车"。那时候南京城市街道狭窄，驴、骡、马等在市内随地便溺，因此这些动物拉的车受到限制。长途一般是马车的天下，短途则以人力车为首选。

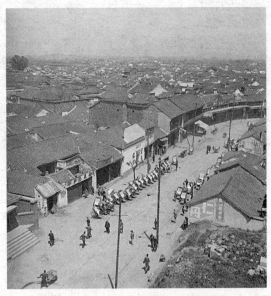

民国时期的南京街头，随处可见黄包车

54 黄包车

穿梭于大街小巷的黄包车夫

　　黄包车价格低廉,行动灵活,穿梭于大街小巷,能达公共汽车、马车所不及之地,所以很受市民欢迎,常用为代步工具。民国时期,南京作为首都,达官贵人云集,城市繁荣,战乱和灾荒使大量农民涌入南京,为人力车业提供了充足价廉的劳动力,南京的人力车业发展很快,数量逐年增加,到1937年全市共有营业车8 000余辆,另有私人包车约3 000辆,车夫5万多人,黄包车夫一度占到南京全市人口的十分之一,人力车成为市内交通的"主力军"。

　　黄包车夫们大多是来自外地的农民,无力自备车辆,终日劳作,生活却非常困苦,每日收入的半数甚至更高都要交租,平时多以糙米粥、苞谷面或豆饼度日。一些车夫无家可归,晚上只能蜷缩在黄包车上露天而卧。若是再遇上当局"整肃市容",更是被随意殴打和驱赶,为了养家糊口,人力车有时也加入中、长途客运的竞争。

　　南京这么多人力车,考虑到车夫的休息问题和便于集中管理,当时的南京市政府在夫子庙、大行宫、新街口等处出资兴建了几处车夫休息场所。夫子庙不但是车夫们生意较好的地方,也是他们集中的场所。

黄包车也有档次之分,有一种包车漂亮之极,乘坐的都是各界名流、红歌女及政府官员,车上装有电石灯响铃,晚间更加光亮夺目,铃声叮当不止,招摇过市,引来不少回头率。

统一着装、规范服务的"黄包车夫"们
成为夫子庙旅游的特色

抗战后,马车渐渐地由盛而衰,市内仅存一条由新街口经汉中路、莫愁路至朝天宫的马车线路,因马车影响城市卫生,终遭到淘汰。黄包车则更加受到南京市民青睐,特别是在夫子庙等老城区,成为主要代步工具,外地人还可坐着观景。穿梭在夫子庙最多的,不只有达官贵人、富家小姐,也有这些贫穷的车夫!

南京解放后,人民政府动员车夫回家务农和疏导转行,黄包车及车夫数量逐年大幅下降,车夫由各区运输公司吸收消化,改行从事货运。黄包车最终退出了城市交通的舞台。

本世纪初,已成为步行区域的夫子庙增加了观光电瓶车和黄包车。黄包车夫统一着装,车头装有铃铛,行起来"叮咛"作响,穿梭在人群中,每到景点,车夫们还兼任讲解,"特色"讲述风土人情。黄包车夫们在为游客服务的同时,岂不知自己也成为夫子庙的一道新景。

南方曲艺中心

民国时期,特别是南京沦陷孔庙被毁后,三教九流蜂拥而至泮宫内外,有玩马戏、飞檐走壁的,有玩魔术、耍猴卖艺的,有抖空竹、教授京胡的,还有唱大鼓、说相声的,数不胜数。

说相声的道具最为简单,一张桌子,一块醒木,再摆上几张长板凳,就算是雅座了。说相声的穿着长袍马褂,全靠嘴皮子功夫,要能吸引住人,因为在这开放式场地,要能留住听众,最后能收到钱,即便听众没钱,也能捧个人场。当时较有名的有"二泉",即逗哏的顾海泉和捧哏的韩鑫泉,还有"张傻子",即艺自北京的张杰尧,均好评如潮,几乎天天客满。

夫子庙相声历史源远流长,曾与北京天桥、天津劝业场一起被誉为相声三大发源地,张杰尧、侯宝林、张永熙、刘宝瑞等名流均在夫子庙演出过。新中国成立后,许多艺人北迁,留在南京的张永熙

民国时期的夫子庙泮池前堪称闹市

与北京的侯宝林并称为"北侯南张",张永熙在南京培养的徒弟、徒孙已成"大梁"。平江桥边的永熙茶楼现已成为欣赏南京相声的佳处。

此外,扬州评话王少堂,说唱新闻董小舒,杂耍艺人顺鑫山及京韵大鼓刘宝全、白云鹏,"山药蛋""富贵花"父女俩,京剧武生王虎辰等人都在夫子庙献过艺。

1926年,12岁的骆玉笙来到南京夫子庙,在"奇芳阁""六朝居""魁光阁"等茶楼里清唱二黄,后改唱京韵大鼓,终成一代宗师。当时与骆玉笙同台演出的还有王玉蓉、王玉琴、王熙春、张翠红、张翠凤、李想蓉、周菊娥等人,后来都成为艺坛名角。

位于贡院街东端的"永熙茶楼"(今摄)

夫子庙还出过不少奇人,弹子王董文卿名噪一时。当时夫子庙的弹子房多达新世界、全安、曲园、安乐、月宫五家,董文卿小名阿狗,一枪纪录400多分,1小时能打1 400多分,虽比那时世界纪录1 700多分尚有距离,但在国内绝对是凤毛麟角了。阿狗身怀绝技,但无架子,许多社会名流都拜他为师。

民国时期,夫子庙除了成为不折不扣的南方的曲艺中心外,还是许多民间艺人、江湖郎中、武林高手的展示舞台。此外,还有一支人数众多、喜欢分头行动的"散兵游勇",那就是——算命先生。

算命先生

夫子庙里有众多的算命先生。其中,"门面"最好的地方,当属聚星亭了。聚星亭在明清时期是供远道赶考的试子休息之用,科举废除后,聚星亭供游客观赏,后一度作为"占卜算命"场所。

20世纪20年代,有个"星象家"戴少亭打通相关部门,在聚星亭内设摊,测字占卜。一天,一位家住夫子庙附近的老学究到该处,写了一贡院的"院"字测批,戴"神仙"不假思索地批道"印授荣昇,莞尔而笑"八个字,老学究质问道:"印字从'卩'不从'阝',先生为何牵强而欺骗我耶?"戴正色道:"人们都说你耳朵软,常因偏听谗言而误事,所以我才把你软耳朵改成硬耳朵,就是要叫你今后遇事要有主见!"老学究听后觉得有理,加倍付钱以表谢意。可见这位算命先生的不凡功力。

占卜相卦类在夫子庙一带很多。他们亦有术语,在饭店内租

民国时期的算命先生,"功夫"了得

算命先生的"工作照"

有专室称为"拨阴地",在室外租用摊位谓之"拨阳地",至于走街串巷则称为"露天牌九"。生意这么好,这个职业就会有新人加入。

一位原教私塾的六旬老翁装成108岁的"峨眉道长",身穿八卦衣,盘膝而坐,手持拂尘,左右各站一名彪形大汉,算是护法。每天生意兴隆,如果遇到熟人,就低声耳语:"不要见笑,混碗饭吃不容易啊!"

还有一术士,长相奇特,眉心正中额上突起一瘤,形如鸡蛋,自吹是龙虎山张天师的高徒,能画符驱鬼。迷信者看其长相,信其功力,问津者不绝。不过,他额头的瘤是怎么回事,倒确实少见!

不只是算命先生能言善辩,连夫子庙走江湖的都能说会道。一位北方壮汉舞刀如风,自我吹嘘道:"当年秦琼卖了马,又卖了把刀,那刀是雌雄鸳鸯刀中的雌刀,雄刀就是我这把,秦二爷后来和番兵大战,战马中箭受伤,屁股上窟窿有这么大,亏得我爷爷随身带着金疮药,往窟窿上一塞,战马立刻飞驰。"这些话,当然是为他卖狗皮膏药做的铺垫。有人问他:"你爷爷是怎么认识秦二爷的?"壮汉拍拍胸脯,答道:"秦二爷与我爷爷是八拜之交,他们都是大刀王五的徒弟。"

民国时期夫子庙聚星亭边的草药摊

现在的聚星亭成为游客休憩的佳处

　　走江湖的卖的多半是假药,但夫子庙倒确实有几家值得信赖的药店,以及长期贩药的药农。明代李时珍在编写《本草纲目》时就到夫子庙药摊专门观察及拜访药农,受到不少启发。

夫子庙茶楼

南京人有吃早茶的习惯，两三朋友，或携带家人，围坐一桌，品清茗，佐小吃，何等悠哉。夫子庙的茶楼从早晨开始，人们饮茶听曲后，生意人接着谈生意，亲朋好友聚会、解决纠纷也可在此。民国时期，夫子庙茶社有十多家，其中以义顺、奎光阁、奇芳阁、六朝居四家名气较大。

义顺茶社在文德桥北首。奎光阁紧傍秦淮河，正对贡院西街，后院有亭榭，亭顶呈宝蓝色形如酒坛，晨光夕照时，蓝光熠熠，很是显眼。六朝居位于明远楼前，奇芳阁在贡院西街南首，这两家均系楼房，规模较大，设备也考究，桌凳都是紫檀榉木制作的。十余家茶社各具特色，档次不一，各有各的茶客。老南京有句俗语："奇芳阁，奎光阁，我们各吃各。"

民国时期的茶楼

位于武定桥边的包顺兴茶社

义顺茶社早半天是手艺人的聚会处,也有不少"房牙们"在此议事,下午则是"溜哥儿"闲聊的场所,屋檐下挂满鸟笼,鸟声啁啾。义顺茶社只供应鸭油烧饼和干丝两种点心,麻油调料由茶客自取调拌,鲜嫩可口。

奎光阁在科举时期专做考生生意,科举废除后,茶客也换了。清早以谈生意的居多,晚上则是听书闲人的天下。抗战时期,有位唱苏州评弹的范雪君,相貌清秀,后来被汪伪政府里的李士群霸占,就难觅声迹了。一些半老徐娘,倒是长久不衰,不断引得茶客们的阵阵喝彩。

如港台影视一样,茶楼还是调解纠纷的场所,奇芳阁、六朝居的楼上就常有黑帮专调纠葛。下风一方为息事宁人,在表示甘拜下风后,还要请青帮老头子出面拉场,请上三五桌给对方赔不是。老头子在酒足饭饱之后,说一声"诸位茶资,某某

现在的夫子庙秦淮河南岸

惠过了"就算了事。民国时期世道乱，各方矛盾也易产生，因而这两家茶楼常常座无虚席，天天热闹。

著名小说家张恨水常到位于贡院西街的飞龙阁听"须生泰斗"郑瑞坤的戏，对她极为赏识。而郑瑞坤也是张恨水的"粉丝"，有意拜张为师。张听说后一口答应。拜师那天，郑瑞坤用拿手戏《龙凤呈祥》博得满堂喝彩，这跨界师徒传为佳话。张恨水小说中歌女、艺人的描写素材也多出于夫子庙。

茶楼里还专为老客长年寄放自备茶壶。老茶客备有松子小袋，边品茗时边用松子袋摩擦茶壶，久之松子油渗入茶壁，壶中的茶水微含松子香味，这已经是达到"博士"级别的茶客了。

茶社堂倌的"功夫"也不简单！一手能托十多个菜盘面碗，自掌心至肘弯，重重叠叠，在人群中穿梭自如，从无碰撞失手；冲茶时右手执太平府大茶壶，在离桌面三尺左右的高处，对准茶盅猛点一下，茶盅刚好九成满，从无一滴水珠洒落，其动作之迅速潇洒，注水深度之准确，实在令人叹服。

到了中午，茶楼即变成了饭馆，下午一点多又变成了书场。客人们可在茶楼泡上一整天，吃喝玩乐，一应俱全，是当时的娱乐场所。每当华灯初上，达官显贵们蜂拥而至，争相点戏。

夫子庙的茶楼里还有饭馆的功能，这里不乏可口小吃和美味大餐，其中最富代表性的美食当属京苏大菜。

京苏大菜

京苏大菜又称金陵菜、南京菜，指以南京为中心，一直延伸到江西九江的菜系，是苏菜的四大代表菜之一，起源于先秦，隋唐已负盛名，至明朝成流派。京苏大菜的特点是选料严谨，制作精致。在烹调上擅长炖、焖、叉烤，讲究原汁原味，风味清鲜和醇，咸淡相宜，有"七滋七味"之说：酸、甜、苦、辣、咸、香、臭；鲜、松、酥、嫩、脆、浓、肥。那个"臭"，一般人难以理解，在品尝过臭面筋、臭干之后，才会领悟那臭而香鲜的感觉。京苏大菜的四大名菜是松鼠鱼、蛋烧卖、美人肝、凤尾虾。

清末的南京餐馆林立，川、徽、粤及扬州等外地餐馆也有不少，

20世纪40年代，夫子庙龙门街附近的老万全酒家

南京本地餐馆打出"京苏大菜"招牌，本地厨师皆自称"京苏帮"，以区别"外帮"。1927年，国民政府定都南京，这座古都新贵云集，"川、鲁、苏、粤"四大菜系也都云集南京。川菜以做湖南菜的曲园酒家最为有名；粤菜最有名的是老广东、大三元这些广东菜馆；鲁菜包含山东、北京、天津等地的菜肴，则以同庆楼为代表。夫子庙的"六朝春""金陵春""老万全"等菜馆则是"京苏大菜"的代表，其中尤数六华春菜馆名气最大。

"六华春"是京苏大菜的发源地，以正宗著称，原料多以水产为主，注重鲜活，讲究刀工，擅长火功，技法富于变化，口味南北皆宜。"六华春"创始于清末光绪年间，店名取"六六大顺""春华秋实"之意。"六华春"最初开设于夫子庙东牌楼，当初既卖绍兴酒，又经营饭菜，故打着"浙绍六华春"的招牌。"六华春"的四大名菜松子熏肉、芙蓉虾仁、清炖鸡孚、炖菜核流传至今。

"四大名菜"中前三个均为荤菜，炖菜核却是以素为主。此菜选用南京的叶短肉厚、梗白心黄的"矮脚黄"青菜为主要原料烹制。

南京水产丰富

制法：将青菜去叶留心，菜头削成橄榄状，交叉划十字状，放入四成油的热油锅中氽至菜叶鲜绿半熟捞出，顺序码放在砂锅内，铺放上冬菇、冬笋片、火腿片、鸡脯片及虾仁，加鸡汤及精盐、味精、绍酒置旺火烧沸，移微火炖约十五分钟至入味，即上桌。此菜棵形完整，菜叶鲜嫩，菜梗酥软，汤醇味厚，回味无穷。

南京四季分明的气候造就了丰富的食材，沙洲圩上的水八鲜、万竹园的矮脚黄、六合的龙池鲫鱼、乌龙潭的乌龙青鱼、珍珠笋、菊花脑、母鸡头、马兰头、板桥萝卜、苋菜、芦蒿等均为烹饪原料。

"六华春"菜肴口味平和、鲜香酥嫩，菜品细致精美、格调高雅，吸引了众多食客，其中不乏政府大员。

京苏名菜——炖菜核（南京食朝汇提供）

59 "六华春"的那些常客

民国时期,"六华春"在京苏大菜享有极高的声誉,又适合南北不同品味,因而受到上层名流显贵的喜爱,名门望族设宴无不以京苏盛宴为傲。

国民政府首任主席谭延闿是位美食家,许多人只知道他常去曲园酒家,其实,他还钟情夫子庙的六华春菜馆。

有一次,宋美龄请美国马歇尔将军到"六华春"用餐,专门点了特色菜"嫩鸽蛋"。菜一上桌,马歇尔急忙品尝,味道极为鲜美,连声赞道:"真好,真好!宋女士的脸蛋也像鸽蛋一样嫩白!"夸得令自幼在美留学的宋美龄都满脸通红。

1936年,"六华春"迁址夫子庙贡院西街,规模扩大,除四大名菜外、炖生敲、黄焖鸭、金腿炖腰酥、金陵圆子、贵妃鸡翅、鸡茸鲍鱼等也脍炙人口,口味醇和,咸淡适宜,讲究原汁原味,形硬而质软,汤清而味醇,酥烂脱骨不失其形,滑嫩爽脆不失其味,形成了京苏大菜特色。天宝、胡长龄、尹长贵、杨继林、魏彩龙、胡贤义、屠文元等众多名厨,烹制出品种繁多的菜肴,京苏名菜应有尽有。

一次宋子文带领全家乘坐画舫,游玩秦淮河。玩毕,在"六华春"设宴。菜中有"双冬炖老豆腐""贡淡炖海参"等几个京苏特色菜,宋食后极为满意。国民政府五院八部的官员、社会名流闻讯也

老正兴菜馆的账单

纷纷前往品尝,瞬息"六华春"名扬四面八方,许多外国驻华使馆官员也慕名而至,品尝美味珍馐。"六华春"里里外外,车水马龙,盛极一时。

1947年元宵节,宋氏姐妹与孔家小姐等在"六华春"预订一桌酒席,厨师根据"适口者珍"的原理,在筵席菜肴行将结束前上了一碟色如碧玉、清香扑鼻的小磨麻油拌腌菜心的随饭菜,使吃惯了山珍海味的众位余味无穷,大加赞赏。南京寻常人家冬天的腌菜,一时跃登龙门,身价倍增。

20世纪80年代,老正兴菜馆的菜谱

蒋经国、蒋纬国兄弟俩也是"六华春"的常客。每当春夏之交,"六华春"的鳝鱼类菜肴不下几十种,都是美味佳肴,诱来蒋氏兄弟常常流连忘返。南京大学胡小石教授常喜欢与学生光临"六华春",他和著名画家傅抱石先生,对"六华春"的清炖鸡孕颇为厚爱,是每餐必食之菜。

1948年,"行宪国大"召开,李宗仁等国民党高级官员,为了参选副总统拉选票,连日在"六华春"大摆筵席,宴请各界人士,一时间天天客满为患。

"六华春"成为专门招待政府要员、商贾名流的地方。当时有一份"八达八"的贵客菜谱,这个"达"与"搭"相通,在南京话里是"再加上一个"的意思。所谓"八达八"也就是八个冷盘,搭八个烧菜、八个炒菜、八个大菜,再搭八道点心。

  这"八达八"的"民国官膳",不但在取材、制作、烹饪等环节上很讲究,而且在享用时也有说法:餐桌要用八仙桌,盘子的大小也有一定的要求,冷盘用10寸的盘子,炒菜则要用12寸的盘子。这个由"高级食客"和大厨们定下的"八达八"菜谱,后逐渐外传到其他酒店,但只有几家才能做得出来,味道虽不及"六华春"正宗,也还是生意兴隆。

  1952年,"六华春"迁址新街口,现已无存。与"六华春"同时期的,还有六凤居、六朝居、金陵春、老正兴、永和园、奇芳阁、绿柳居等餐饮名店。生在南京,真是好口福!

京苏名菜——清炖鸡孚(南京食朝汇提供)

秦淮特色美食

20世纪20年代，夫子庙有著名的"三问"，即问津、问渠、问柳，除"问津"为浴室外，其余二问均为菜馆。问柳菜馆现已移至老门东开张。

老正兴菜馆创建于同治年间，1933年从上海到夫子庙原"江南书局"旧址开设，初名"西字号老正兴"。菜馆以经营浙绍风味菜肴著称，擅长烹调河鲜、家禽，入口香酥软糯，简朴实惠。菜肴多以太湖地区盛产之活河鲜为原料，以烹制浓淡相宜的上海菜为特色。春有春笋塘鲤鱼，夏有银鱼炒蛋、油爆虾，秋有大闸蟹，冬有下巴划水。仅青鱼一项，就有下巴划水、肚、秃肺、煎糟、汆糟、汤卷等多种做法。"腐乳肉""烧圈子""砂锅鱼头"和"炒鳝糊"为其"四大名菜"，看家菜还有西湖醋鱼、荷叶粉蒸肉、莼菜塘鱼片、西湖莼菜汤等。

"老正兴"接待的是当时工商界的头面人物，蒋介石是浙江人，喜欢吃家乡菜，在南京期间，常到夫子庙的浙绍菜馆老正兴去过过

1925年的夫子庙泮池挤满了画舫

嘴瘾。蒋介石最喜欢吃"腐乳肉",每次巡视秦淮,总要到老正兴品尝一下家乡菜,平时也常差人购回名菜"腐乳肉"慢酌细品。

受"蒋委员长"影响,浙江籍的国府要员们也常光顾老正兴,老正兴因此在民国时期声望很高,绍兴酒在夫子庙也盛行。大成集的"梅花酒"色浓味醇,后劲颇大,在绍兴酒中算是上乘;六华春的"竹叶青"以色青味香见胜;老万全的"陈年老雕"则以上口佳、劲道足见长。

绿柳居始创于1912年,初期店址位于如诗如画的秦淮河畔桃叶渡,垂柳依依,满目葱茏,"绿柳居"故而得名。绿柳居美食以清雅纯净、自然环保为基础,以鲜、嫩、烫、脆、香五大特点名冠金陵。绿柳居的素什锦与众不同,除传统的固定搭配外,又吸取了寺庙素食和民间素食的精华,品种不是百姓家的10样菜,而是18样。

民国时期,绿柳居为当时宴请要人的尊贵场所,戴季陶、孔祥熙、蒋经国常到绿柳居小酌;回民将领白崇禧、崇尚素食的孙中山先生及注重美容的宋氏姐妹更是绿柳居的常客。非常推崇素食的蒋经国,对绿柳居菜馆以香芋为主料的招牌素食——奉化芋艿果,赞不绝口,常与好友谈及。

"黄埔系二号人物"何应钦,有次途经南京,慕名来到绿柳居。

秦淮画舫上可置办宴席

当时正值荠儿菜上市,大厨上了一道清香扑鼻的明月素海参,何将军戎马一生,从未见过此菜,品尝后终生难忘,多年后仍津津乐道地提起此菜。

20 世纪 30 年代,张学良到南京,受到蒋介石隆重欢迎。蒋介石聘六华春厨师到官邸烹制菜肴,宴请爱国将领张学良将军。张学良对六华春当时的"头菜"一品官燕盏很是喜爱,以后宴请宾客时必上这道菜肴。此后张学良在金陵春中西餐馆预订"燕翅双烤席",宴请吴稚晖、邵力子、于右任等元老,主要菜肴有一品燕菜、黄焖排翅、金陵烤鸭、麒麟鳜鱼、菊蟹盒、蜜制山药等。张学良十分满意,尤其对烤鸭赞不绝口。看来这位来自东北的将军已成为夫子庙美食的俘虏了。金陵春中西餐馆逐渐成为国府招待重要贵宾的场所,后因抗战一度关闭,最后毁于战火。一些名厨转而加入其他菜馆饭店,仿明菜、景点菜应运而生。

夫子庙是个美食王国,从武定桥开始,到泮池、利涉桥,再至淮清桥,菜馆林立,特别是靠河一面,大、中型菜馆就有十多家。随着秦淮画舫的兴起,秦淮船菜也随之产生,一些餐馆甚至在画舫旺季上船"烩菜"。由于船上条件限制,加上船菜消费对象特殊,船菜逐渐形成一定的风味特色。

船菜一般以筵席为主,且以高档菜居多,种类有燕翅双烤席、鱼翅烤鸭席、鱼翅席、海参带烤席等。有时十几个游客在同一条船上连续包上十多天,厨师们就要动足脑筋,力求花色翻新,取悦客户。彩色鱼夹、桂花干贝、芙蓉鸡排等新菜就是在船菜制作中创新所得。

船菜不仅规格高,制作也讲究精美,注重造型和色彩的调和,口味相对清淡,以助游客雅兴。船上还常常开办冷餐酒会和甜食席,别有风味。船上所用的饭,通常是什锦荷叶所包,并和以虾仁、海参、干贝等十多种原料炒好,食时略蒸,打开后清香四溢,味道极佳。

南京街头巷尾饮食的另一大特点就是各种野菜大受欢迎,包括芦蒿、菊花脑、马兰头、枸杞头、荠菜、马齿苋、鹅儿肠、香椿头在内的"旱八鲜"和包括莲藕、红菱、茭白、芡实、荸荠、水芹、莼菜、慈姑、的"水八鲜"。林林总总,夫子庙还有更多的美食等待着您的发掘。

夫子庙不但有阳春白雪的美食大餐,也是小家碧玉的可口小吃。

61 夫子庙小吃

夫子庙地区是南京小吃的发源地,早在六朝时期,就成了全市的小吃中心。明清及至民国政府时期,随着秦淮灯船的兴起而更加繁华,小小的夫子庙地区,大大小小有20多家小吃店,成了南京小吃聚集地。名店有奎光阁、新奇芳阁、蒋有记、雪园、永和园、六凤居、五凤居、德顺居、龙门居等。还有一家风味独特的月来阁,是泊在秦淮河上的一条画舫。

永和园的小笼包,皮薄、馅大、卤汁多,每只折纹20多道,不但外形漂亮,口味更佳,特别是秋季的蟹黄包,更是令人叫绝。雪园是镇江帮,招牌菜是镇江肴肉。新奇芳阁供应的菜包、酥油烧饼、甜豆沙包、鸡面、干丝、春卷,风味独特。抗战胜利后,蒋有记、六凤居和小巴黎,合称为夫子庙三家。蒋有记以善制牛肉锅贴名噪金陵;六凤居以豆腐脑、葱油饼著称;小巴黎则以女侍招客,颇有洋风。

民国时期南京街头的蒸儿糕

民国时期夫子庙街头馄饨摊

六凤居、五凤居、德顺居都在贡院街上,经营品种又都是葱油饼、豆腐脑之类,竞争激烈,店门口的平底锅总是敲得叮当响,像是在吆喝。那用葱、面粉、猪油制成的薄饼在锅中嗞嗞作响,起锅时被切成小块,入口香酥松脆;那浸润在汤中的嫩豆腐,配以辣油、虾米、榨菜、红萝卜丁等佐料,口感极佳。一块葱油饼、一碗豆腐脑,在当时就是极好的享受。

奇芳阁和奎光阁均为清真茶楼,皆善制汤面饺,清爽可口。面饺是先将面粉烫熟,制成薄皮,饺心除香蕈木耳外,还有南京特有的荚儿菜。荚儿菜是南京人在春夏之交喜食的蔬菜。

包顺兴于1937年后初建在武定桥桥棚。所谓"桥棚",那是在桥上搭棚屋开店,这也是秦淮特色。自宋朝以来,秦淮河上还有长干桥、镇淮桥、饮虹桥(现新桥)建有"桥棚"。包顺兴的小笼包饺、熏鱼面很有名气。新中国成立后,包顺兴改名瞻园面馆,现已迁至长乐路,新朋老客常常座无虚席。

位于贡院西街南口的奇芳阁生意远比奎光阁、六朝居等清真

老外逛夫子庙夜市,深入了解秦淮小吃(今摄)

本世纪初的夫子庙小吃

菜馆好,曾有一联:"得山水情,其人多寿;有诗书味,生子必才。"改革开放后,老字号敌不过洋快餐,奇芳阁一楼一度变成了麦当劳,老正兴原址则被肯德基取代。

南京小吃的品种现在也极为丰富,常见的有诸如旺鸡蛋、活珠子、鸭血粉丝汤、牛肉粉丝汤、鸭油酥烧饼、开洋干丝、鸡汁回卤干、卤茶鸡蛋、尹氏鸡汁汤包、糯米藕、五香鹌鹑蛋、梅花糕、桂花糖芋苗、豆腐脑、桂花赤豆元宵、凉粉、五香豆、臭豆腐等等。

20世纪80年代以来,夫子庙小吃空前繁荣兴旺,昔日的老字号永和园、奇芳阁(即原新奇芳阁)、蒋有记、奎光阁、六凤居、包顺兴等得到发扬光大。夫子庙的奇芳阁、魁光阁、蒋有记、永和园、六凤居都是制作传统南京小吃的百年老店,"秦淮八绝"为其精华体现。"秦淮八绝"分别为:魁光阁的五香茶叶蛋、五香豆;永和园的蟹壳黄烧饼、开洋干丝;奇芳阁的鸭油酥烧饼、麻油干丝;六凤居的葱油饼、豆腐脑;奇芳阁的什锦菜包、鸡丝面;蒋有记的牛肉锅贴、牛肉汤;瞻园面馆的薄皮包饺、红汤爆鱼面;莲湖糕团店的五色小糕、桂花夹心小元宵。

南京的辣油馄饨也很有特色,许多外国人在夫子庙将老南京腔调的"啊要辣油",误听成"I love you"而闹出笑话。夫子庙风味小吃深受海内外游客喜爱,但还有一样不能遗漏,那就是鸭肴!

鸭　都

南京制鸭历史悠久,可追溯到秦朝。南北朝时期,陈军"人人裹饭,媲以鸭肉","炊火煮鸭",可能就是因为吃得好,士气高,大败齐军,取得战争胜利。明代的制鸭技术进一步发展,烤鸭已成为宫廷宴席中必不可少的上等佳肴,板鸭的制作技术也已成熟。至清代,盐水鸭、水晶鸭等一大批风味鸭馔涌现,更使鸭肴遍行,鸭店林立。

明代南京有句民谣:"古书院,琉璃塔,玄色缎子,咸板鸭。"分别指的是南京有名气的国子监、大报恩寺塔、玄色锦缎和板鸭。板鸭因曾为贡品,故又名"贡鸭"。

据清乾嘉时的《调鼎集》记载,鸭肴共有80多种,许多迄今仍

民国时期南京城郊的养鸭场

风靡南京。现代的南京鸭肴,在传统烹制技术上不断创新发展,技艺更臻完美,名品锦上添花,琵琶鸭、烧鸭等应运而生,品种达百种以上。

1910年,南京韩复兴鸭铺生产的板鸭在"南洋劝业会"上获得金奖。南京板鸭从选料到制作都十分讲究,其要诀是"鸭要肥,喂稻谷,炒盐腌,清卤复,烘得干,焐得足,皮白、肉红、骨头酥"。

烤鸭的制法与要求与板鸭不同,其要求是:烫得透、抹色均、吹得干、烤得匀,鸭子烘至九成熟,再在大火上烤至皮色金黄,其间边烤还要边上麻油,以达到香、脆、酥、鲜、嫩、光的效果。盐水鸭的制作有一千多年历史,比起板鸭制作要简单一些,但口味不减,白里透红,美味爽口。这一白一红的鸭肴,几乎就占尽南京鸭肴的大半壁江山。

有个精明的浙江人,特别喜欢吃南京的盐水鸭,收集了完整的制作工艺,做好了充足准备,回家乡开张,但那味道远不及南京。一方水土养一方人,看来,南京的鸭肴也离不开南京本土,否则,也就失去了应有的味道。

民国时期的"庆源祥"鸭店

鸭肴是款待嘉宾的特色菜,又是馈赠亲友的好礼物。外地人到南京,往往在品尝鸭馔之余,还会带上些板鸭之类回程,让家乡人也感受一下南京味。板鸭烧煮前要用清水浸泡十二小时除去积盐,将葱姜大茴等佐料塞入鸭腹,再放入开水锅中,烧开后用文火焖40分钟,再加入冷水烧滚,再焖半小时即成。

南京自古就有"无鸭不成席"的说法,鸭子身上的一切对于南京人来说都是不可多得的美味。南京人似乎对鸭子有什么深仇大恨,在吃鸭子上动足了脑筋,除了在制作方法上囊括了烤烧炖蒸,还将鸭子肢离分解,花样多多。鸭头、鸭脖、鸭舌、鸭肫、鸭肝、鸭心、鸭血、鸭四件等等,还有个菜肴"美人肝",主食材就是鸭的胰脏。南京人嗜鸭是出了名的,南京故有"鸭都"之称。

现今,南京的鸭肴享誉全国,除大名鼎鼎的桂花盐水鸭、金陵烤鸭之外,板鸭、烧鸭、金陵酱鸭、啤酒鸭、香酥鸭、八宝珍珠鸭、咸鸭肫、金陵片皮鸭、鸭血粉丝汤等鸭肴也各具特色,深受人们喜爱。

夫子庙的鸭肴很多,最常见的是烤鸭、盐水鸭和鸭血粉丝汤,价廉物美。你不妨寻到小巷深处,跟着市民大妈,排着长队,与南京人一起分享鸭肴的味道。

民国时期,夫子庙的美食小吃同样也吸引了许多政府要员和名人雅士,但有位政府首脑到夫子庙却不为美味,而是冲着老古董。

63 林森爱逛古玩店

民国是南京古玩业的繁荣期,最重要的原因是由于南京作为国都地位所致,除了一般藏家,南京市场上还聚集大批民国政府官员、富豪商贾、金融财阀等等,如国民政府主席林森就是夫子庙古玩铺的常客。

林森生于1868年,1905年加入同盟会,1912年任南京临时政府参院议长。1931年底,林森以"德高年劭"成为国民政府主席。但此时的国府主席已被蒋介石设成了虚职,不负具体责任,也没有什么实权。林森笑侃道:"我的地位相当于神龛中的神位,受人景仰而不失其威仪,自然能保持庙堂之肃穆,家宅之安康。若神主显灵,则反倒一室彷徨,怪异百出。国家主席是虚君地位,其意义在于垂拱而治,不该去管的就不要去管,让有办法的人放手去做嘛!"林森生性淡泊俭朴,正直宽容,温和沉稳,不徇私情,被称为"超然派"。

国民政府主席林森

随着政治上失意,林森对古董字画的爱好与日俱增,一度达到痴迷的地步,还特地在办公室内置一大排博古架。林森对古玩中真正名贵的东西,他是不会轻易掏腰包的。林森经常买的,也就是三五角钱的货色,贵的也就十元八元,二三十元就算是稀罕之物了。有人调侃林森收藏赝品,林森笑答:"不错,我是收有不少赝品,但用艺术的眼光看它们的式样,可不算差啊,即使是假的,也是无名艺术家的作品嘛。如果在一百件廉价收藏中,有几件真品,那就很值得了。今不为古,时代一久,不古亦古也,再过一百年,假的不也成真的了吗?"因此,古玩店里常出现这位微服的国府主席身影。

林森对古玩还是有一定鉴赏能力的，赝品很难逃过他的眼睛。堂堂国府主席，逛夫子庙古玩店也是轻车简从，有时也只是将国府文官长魏怀和立法院秘书王宜汉叫上同行。林森在古玩店里像平民一样与老板讨价还价，碰到便宜的小物件或赝品一买就一大堆。

瞻园路口的迪华斋是林森经常光顾的古玩店。迪华斋门面较大，是南京古玩业世家伍姓三兄弟合开的。有一次，林森在该店以300元的高价买下一把古香妃竹扇，实属难得。

南京的古董商知道后，纷纷上门向林森推销一些廉价的古玩字画。久而久之，林森官邸内陈列品中，有缺口的瓷器，有冲裂的盆盎，有虫咬过的字画，以及破铜烂铁、破砖断瓦，就像是一个地摊。林森从中挑出品相较好的古玩放到办公室，博古架上放得满满的。

林森爱好古玩如痴如醉。每逢收到古玩爱好者来信，交流经验，他都要在信封特别注明一个"古"字，以与其他信件区分，一有空闲，就亲笔作复，连信封上的邮票都是自己亲手贴上。

林森于1943年死于重庆，国民政府还都南京后，根据他的遗愿将他的藏品上千件放到一家古玩店拍卖，本来这些古董字画中有许多赝品，不值什么钱，但由于是林主席遗物，身价顿升，不到三天，所有藏品即被抢购一空。而所得之款全部捐献给了林森故乡福建闽侯中学作奖学金之用。

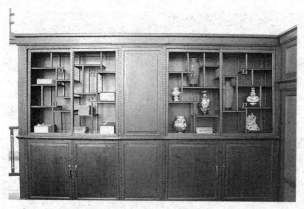

林森办公室内的博古架

64 古玩店里门道多

夫子庙的古玩店原先集中在奇玩街,也称为奇望街,街上最大的古玩商店叫奇玩阁,这里不仅古玩多,营业范围广,而且以不卖假货闻名。但到了军阀混战年代,兵荒马乱,在一次兵变中,奇玩阁被抢劫一空。此后,古玩商店逐渐南移至贡院西街、瞻园路一带。奇玩街后改名为建康路。

南京的古玩业以城南夫子庙为中心集结地,规模较大的古玩商号有奇玩阁、迪华斋、沈润生、松宝斋、集萃斋、乐古斋、罗祥记、陈春记以及西园书画社等,从事古玩业的以回民居多。当年的古玩店门道很多,店家往往以次充好,以假乱真,行家称之为"西贝"。"西贝"即"贾","假"的谐音也。清末民初有位鉴瓷家李良臣曾说过:"我之所以不开店,一不想骗人、欺人,二不忍虐待学徒,古玩业是最大的黑店,一本万利的买卖。"

古玩生意大有门道,利润也大。古玩商们为了满足顾客,千方百计寻求货源。盐商云集的扬州和豪族众多的合肥,藏品丰厚,官

民国时期的露天古玩摊

宦之家对金石字画也多有研究，加之河南出土文物较多，货源充足。其次，南京官府门第也有不少收藏，一旦家道中落，就变卖维生。

另外还有一个渠道，就是黑市。出售者主要有两类：一是中落富户，白天沿街求售觉得难为情；二是盗犯窃贼销赃。出售者往往对于旧货价格一无所知，又急于卖出兑现，只要有人肯买，就急于成交，好在天亮前赶回家。夫子庙的古玩商人是黑市的常客，以犀利目光、丰富经验在黑市淘宝发财，有时花几角钱收的东西，经过一番整装，可获利几十倍。

琳琅满目的鼻烟壶

有"活霸王"之称的京剧名角金少山，好收古玩，也好食鸦片，常因缺钱而变卖家当，每次来宁，就成为古玩店老板搜刮的对象。其中尤数荣宝斋老板陈友柏捞的油水最多，陈因此落得"发楚霸王的财"的雅号。

古玩店里琳琅满目，其中不乏精品，但需"慧眼"才能识珠。以鼻烟壶为例，以质地而论，有玉、瓷、竹、玛瑙、象牙、景泰蓝等多种，壶身精绘或雕刻山水人物、花木竹石，足令初入门者目不暇接，眼花缭乱。紫砂壶则以明代陈明远、时大彬及清代陈曼玉所出最负盛名。

许多古玩店以次充好，以假代真。状元境有位临摹仿造高手，可仿制任何名家字画，照本描绘好作旧后，约经一年纸面阴黄，再去装裱，足以乱真，高价出售，其作品远销海外。瞻园路还有位工匠，专修古玩残件，手艺精湛，令人叫绝，一匹缺腿的旧泥马，经他修补后天衣无缝。商家大赚，这些"艺人"的工钱也高得惊人。古玩店里假货多，吃亏的当然是买家了，因此常有纠纷发生，甚至还有涉及知名教授、名记、要人的造假大案。

1935年底,夫子庙瞻园路一个古玩玉器铺的张老板以30元购得梁代制钱窑场古碑,上有半隶半篆"谓山窑"三字,末有"梁普通元年三月建"字样。此碑经中央大学历史系主任、中央古物保管委员会委员、著名考古专家朱希祖初步鉴定为真品。张老板将此碑献给国家,获奖金60元。

民国时期的古玩店老板

事后,朱希祖详加研究,发现很多疑点,从而确定此碑为赝品。而此时,有位名记者也举报此碑系伪造,引起时任交通部次长张道藩重视,认为有合伙串骗国家之嫌,要求法办。最后经法院多次审理,最后判决张老板无罪释放。但伪碑究竟何人所设,却无下文。此案轰动一时,成为古玩行业的无聊谈资。

夫子庙还发生过仿徐悲鸿的假画案,造假者为19岁的任仲年。任仲年不但仿画得惟妙惟肖,还能言善辩,在法庭上反问道:"画上署名是悲鸿,难道就不许我叫任悲鸿吗?"舆论界竟倾向任仲年,赞其才华,认为不能与奸商同论。最后任仲年被判无罪。

65 于右任"大集成"收义女

国民党元老于右任,虽是陕西人,却被浸透六朝文化意蕴的京苏大菜风味所征服,几乎吃遍了南京的京苏风味菜馆。于右任之所以手头较为宽裕,不是因为贪污受贿,主要还是因其一手好字。

于右任是民国四大书法家之一,对于登门求字者,起初拒收酬金。后来求字的实在太多,连纸墨都成负担,加上薪金收入有限,除要养活全家老小十余口,还得接济到南京向他求助的陕西老乡亲和袍泽家属,压力不小。于是,于右任开始酌情收取"润例"。上海商界大亨、火柴大王刘鸿生托请于右任为其父撰写墓志铭文一篇,就付"润例"2 000银元,这笔钱在当时足够美髯公开销半年的了。

好诗文的于右任还常邀请爱好诗词名流在桃叶渡的大集成菜馆举行诗会。"大集成菜馆"虽店门面不大却也有些名气。该馆经营正宗的维扬风味菜肴,有狮子头、大煮干丝等名菜。于右任虽说最欣赏京苏风味菜肴,但对大集成的扬州菜也有良好印象。

20世纪30年代的于右任坐像

大集成的女招待雅云女士温娴秀丽,举止大方,为群芳之冠,且酒量惊人。于右任有次乘着酒兴写下"玉壶买春赏雨茅屋,座中佳士左右修竹",赠与雅云,从此大集成的雅云更是名噪秦淮。夫子庙的女招待大多迫于贫困,有的不得不出卖色相,藉以维生。这里也发生过一起令长期担任监察院长的于右任气愤不已的事情。

一日,于右任听到来他家做客的中央大学教授,名书法家胡小石说到大集成菜馆胡姓老板摊上了麻烦,原因是这家菜馆里的名叫胡小红的女服务员乃是胡老板的远房侄女。她受过新式教育,爱好文艺,俊秀聪明。不想才工作几个月就被中央宪兵司令部的李姓处长盯上了,常来馆子里纠缠,并讲明要娶胡小红做小老婆。小红坚拒不同意,胡老板也没同意,李处长遂示意一些平日充当他的线人的地痞流氓常去大集成菜馆捣乱滋事,吓跑了很多客人。

于右任闻讯很生气:堂堂民国首都竟有这等事!考虑再三,他生出一计:某日,他拉上胡小石、杨仲子等几位好友去大集成菜馆小聚,要了包间,请来胡老板,言明自己的身份,查实了胡小红被李姓宪兵处长逼迫为亲原委。

于右任见胡小红年方十六七岁,果然俏丽出众,楚楚动人,但在诉说中不时落泪。于右任好生不忍,好言安慰几句,表示认胡小红为义女。小红喜出望外,早闻这位监察院长大名,算是有救了,忙下跪欲磕头,却被于右

于右任书法作品

任拉起来,还递给她十元礼金。而且叫胡老板取来笔墨,他挥笔题写了店名,让老板制成店匾挂上。这一招居然很起作用,那个李姓处长听说于院长认胡小红为义女,又亲题店名,就再也不敢有非分之想。

事后,胡老板特地精心准备了一桌精美菜肴,装入十只食盒,雇人送往城西宁夏路10号于公馆作为酬谢。于右任哈哈一笑,收下了,但坚持付了钱,并又书写了一幅书法作品赠给胡老板。此事在南京成为一段佳话。

首都大戏院

夫子庙原先的"一洞天"电影院,建设及放映器材都很简陋。国民政府定都南京后,就开始筹建一座较为现代的大戏院。1931年2月,首都大戏院建成,设计者是参与中山陵建设的黄檀甫,建筑风格为当时国际先进的现代主义风格,是民国时期公共文化建筑的优秀代表。

首都大戏院位于夫子庙贡院街东端,与世界大戏院、大华大戏院、新都大戏院并称为民国首都四大影院。首都大戏院开业之时,曾在《中央日报》上刊发广告,更是打出"东方最富丽的天国,首都最堂皇的剧场"广告语。首都大戏院是将电影从室外引到室内放映的中国第一批影院之一,其建筑时间之早、规模之大,在当时都是全国数一数二的。

首都大戏院坐北朝南,左右对称,从外观上看高三层,平顶,属于西方现代派建筑。剧场部分设在建筑物的中央,楼上下共设有1 357个观众席。入口处门厅外有巨大的雨篷伸展到人行道上,上方横书"首都大戏院"五字。

民国时期的首都大戏院

首都大戏院经常放映国产大片和进口新片，吸引了上至国民政府的军政要员、社会名流，下至平民百姓的社会各阶层人士频频光临。曾首映过著名影星阮玲玉主演的《新女性》等影片；胡蝶所演《姐妹花》轰动一时，连映三周；王人美所演《渔光曲》也深受欢迎。

保存完好的首都大戏院门墙

1937年底，南京沦陷后，首都大戏院归属日本人组建的"中华电影公司"，改名中华戏院。抗战胜利后，恢复原名。新中国成立后，改名为解放电影院。2005年，解放电影院停业，其放映大厅楼下部分出租给夫子庙小商品市场，楼上部分保留为南京市电影剧场公司老电影拷贝库和内部放映厅。2013年，解放电影院作为中国科举博物馆的配套项目保留下来，并进行保护性修缮。

首都大戏院门墙得以保存，计划修缮后的建筑面积850平方米，规划成"首都大戏院旧址博物馆"，成为一座民国电影博物馆，作为民国电影的展示台，陈设相关的文物资料，举办专题展览，也有小型放映厅。

民国首都四大影院中的世界大戏院后改称延安剧场，新都大戏院后改称胜利电影院，均先后完全拆除。只有位于新街口的大华大戏院，现改名为大华电影院，建筑尚存。

民国建筑是南京特色，应得到充分保护。

67 夫子庙邮政局

夫子庙北端有一座西洋古典建筑，现为夫子庙邮政局，它承载着南京邮政发展的历史。

南京最早的邮局出现于清末，北京、镇江等处最先将所设立的寄信局统称为邮政局。1897年2月2日，镇江邮政局在南京贡院街租用了一间狭小简陋的房子做办公用房，每月租金20银元，设立南京邮政支局。1899年，南京辟为通商口岸后，正式在下关设立南京邮政局，邮政事业迅速发展。

1912年，中华民国临时政府成立后，改大清邮政局为中华邮政局。1922年，江苏省邮务管理局在夫子庙奇望街新建邮政支局，称为奇望街支局。奇望街是建康路的旧称，是"奇玩街"的谐称，这里曾是南京最早的古玩商店集中地，并有一家资格最老、规模最大的古玩店叫"奇玩阁"。

现在的夫子庙邮局

奇望街邮局于1919年开工，由一名英国设计师建造，为欧洲文艺复兴时期的古典形式，楼房正面朝东，南北对称，平面呈"凹"字形，坐西朝东，地上2层，平屋顶，1923年1月1日正式建成开业。邮局门廊两三米进深，门廊外有6根立柱，还有台阶，非常气派，成为老城南的地标性建筑。值得一提的是，当时建筑顶部还建造了大钟，每天准点鸣响报时。当时附近居民都会来看大钟，对时间。

20世纪30年代，奇望街被拓宽成新式马路，按照南京在六朝时期的名称"建康"定名为建康路。奇望街邮局故改名为建康路邮局。1947年中华邮政总局成立后，总局设在中山北路的交通部内，而其业务处和联邮处就设在建康路邮局。1948年前后，顶部的大钟突然停了，邮局工作人员还专门跑到上海找人来修，也没修好。这似乎预示着旧时代的即将结束。

新中国成立后，建康路邮局一直被编列为南京市邮政1支局，堪称"南京邮政第一局"，长期使用"1（支）"编号日戳，在全国统一邮政编码一直沿用"210001"代码。建康路邮局作为重要的邮政遗址，保存至今，其间多次维修，一些原貌难以保留。据考，邮局初建时内部有取暖设施，隔墙是空心的，每到冬季，热气在空心墙里流动传输，楼中每个房间都暖和，不过这在后来的改造中拆除了。

在最近的一次改造后，朝东的正门改为邮储银行，南面新开大门作为邮局，并改名为"夫子庙邮政局"，凸现了民国时期的邮局风貌，柜台背后的墙上挂着复古的木质匾额，上题"夫子庙邮政局"六个字，墙上还挂了十几幅民国邮筒、邮亭、邮政大楼的老照片。

宪兵司令部

民国时期的宪兵司令部位于瞻园东面，这里初为徐达王府一部分，清代为江安督粮道署，最初管辖江宁、安庆等十府的粮务，后实际负责安徽全省粮务。1853年建筑毁于战火，1869年重建，新造正署、花园、大小房屋183间，前设工坊。民国初期为江苏省长官邸，后为首都戒严司令部、首都卫戍司令部、宪兵司令部，汪伪时期，这里为首都地方法院。抗战胜利后，复为宪兵司令部。

民国宪兵身兼军事警察及军、司法警察身份，负责维护社会治安，执行军法，维持军队纪律，宪兵服务协助陆军、海军、空军的官、士、兵一切问题，维护正副元首及家人、正副总统候选人、国外大使安全，卫戍首都、总统府及其他重要政府机关、机场及军事基地，执行反恐任务，平时可支援国家警察维护治安，战时亦可成为独立战斗及后勤支援部队，其地位类似于古代的禁卫军。

宪兵司令部创立于1932年，谷正伦、贺国光、张镇先后出任司令，其中张镇在此主管时间最长，直至国民党兵败大陆。他在"国共和谈"时期，承担着保护毛泽东等中共领导人的安全事务。

抗战时期，汪伪政权的江宁地方法院

解读夫子庙

民国时期的南京首都宪兵司令部

黄埔一期毕业的张镇于 1943 年 3 月出任宪兵司令。抗战胜利后,毛泽东率团飞赴重庆谈判,张镇负责毛泽东及中共谈判代表安全。八路军干部李少石被枪杀后,张镇遵周恩来所嘱亲自护送毛泽东到下榻的寓所,并命专人具体负责进行特别保卫。毛泽东离渝返延安时,张镇亲自护送到机场。张镇的保护工作受到中共好评。曾家岩纪念馆还陈列着在机场毛泽东与他握手的照片。周恩来曾专门交待中央有关部门不要忘记在台湾的张镇将军在重庆谈判时期做过的这件好事。

宪兵司令部内戒备森严。据曾被关押的人回忆:"宪兵司令部的牢房为全封闭式,不见天日,从不放风;电网高墙,不在话下;层层铁门,道道警戒;屋顶之上,岗哨密闭……江洋大盗、飞檐走壁之徒也插翅难飞,真可算是当时的现代化监狱了。"在这里被关押过的有罗登贤、黄励、郭纲林、顾衡等革命烈士,张学良、陶铸、陈赓、何宝珍、田汉等人也都在这里被囚禁过。

首都宪兵司令部徽章

68 宪兵司令部

首都宪兵司令部宪兵训练所毕业证章

保存完好的宪兵司令部大厅

1947年，魏德迈作为美国特使访华，派驻5名顾问，并专程视察宪兵司令部。美军顾问团发号施令，建了一座地牢。这座地牢，上面是漂亮的房间，地牢在下面，完全是钢筋水泥结构，非常牢固，作为专门关押重要政治犯之用。这"铜墙铁壁"却并非固若金汤，新中国成立前夕，有位年轻的共产党员就从这里的天篷铁栏杆爬出去，越狱成功。

新中国成立后，这里为军事部门，后归航天部门管理。院内建筑经过拆除改建，现存面阔五间的清代殿堂一座，另有大门、门楼、礼堂以及5、10、11号3幢楼房，审讯室5间，地牢1座。

69 民国妓女的新生

　　国民政府定都南京后，城市常住与流动人口骤增，逐禄政客、牟利商人蜂拥而至，客源增加，秦淮河两岸妓院歌场，游艇画舫，纸醉金迷，盛极一时。妓女们表面风光，内心血泪斑斑，她们是社会的最底层，受尽欺凌。

　　妓女被妓院老鸨视为摇钱树，年轻时卖俏接客，还算衣食无忧，年老色衰时，往往身染性病，卧床不起，就会被一脚踢出门外，结局悲惨。20世纪30年代，"秦淮四小名妓"之一的陈怡红，30多岁就染上重症，不仅无人过问，且无立足之地，最后倒毙在中华门外。

　　还有一位云锦织匠之女，卖身葬父，误入娼门，14岁被迫接客，备受蹂躏，后偶遇一青年学生，对她十分同情，两人结为红尘知己。老鸨得知此事，率一群暴徒殴打学生几乎至死。她被关到柴房，剥衣赤身，受尽凌辱。

　　有位雏妓，自幼被骗入娼门，读书习艺，不甘堕落，私自报考京华中学，高分被录取。后来校长得知她出身后将其除名，这事在社

清朝末期的陪侍之风

会上引起轩然大波。有人在《中央日报》上发文要求恢复该女学籍。但此时的这位雏妓已受到老鸨毒打,被囚禁起来。

夫子庙妓女中也不乏像"秦淮八艳"一样才貌双全、善辨是非、轻财爱士的侠义女子。汪伪时期,一名汉奸依仗权势,欲独占"花魁",花魁誓死不从,面对枪口,夺枪对准汉奸问他要死要活,令众人瞠目结舌,汉奸噤若寒蝉,只好服软。花魁扬长而去。

民国妓女也是宪兵、警察、地保、帮会、地痞,乃至散兵游勇敲诈勒索的对象。越是当红妓女,需索越苛,只好求助于无赖文人、记者、律师或者官员出面作保,但这也是要付出代价的!供奉无底,欲壑难填。

妓女也是分等级的。钓鱼巷、东关头、大石坝街一带,多居歌女,身价较高,为上等;贡院街、桃叶渡、姚家巷、淮清桥一带有不少客寓,其中较大的海洞春、第一春、南洋大旅社等,每家都有几十个姑娘,俗名"台基",多年轻貌美,但无文化,不懂弹唱,此为中等;白塔巷、高家巷、管家巷、小石坝街一带则如同人肉市场,有时一夜几度接客,无客时还要沿街拉客,难以果腹。

新中国成立后,夫子庙妓女得到彻底解放,开始生产自救,自食其力,以劳动为荣、为生,先后加入街道、区属工厂,不少人还成为生产骨干、先进工作者,开始了崭新的生活。

高级妓女是妓院收入的主要来源

70 复建后的孔庙

"文化大革命"期间,夫子庙古建筑及民俗再次遭到磨难,拆古亭,禁灯市,停演地方戏,不准开茶馆,废庙遗址上,席搭木隔,炊烟浮泛,一度成为棚户区。1982年,孔庙被列为南京市文物保护单位。1988年,按照曾国藩重修孔庙时的布局,陆续复建了天下文枢坊、大成门、大成殿、奎星阁、得月台、思乐亭、尊经阁等,孔庙基本建筑修旧如故,再现当年风貌。

聚星亭位于南京夫子庙棂星门以西,与棂星门西面的奎光阁相应,象征文风昌盛,"聚星"有聚集奎星得取功名之意。聚星亭原建于1586年,数百年来几经兴毁。1869年,江宁乡贤朱芙峰等人筹资整修,阅尽难劫,至20世纪60年代仍安然端立,后在"文革"期间被作为"四旧"拆除。

位于东市的思乐亭

1984年复建此亭时,在亭基处发现了一具完整遗骸及几枚铜扣,经考古专家判断,死者为明末人。我国古代建筑有活人奠基的残酷风俗,此人当为聚星亭殉葬。聚星亭重檐六角两层。朝北两柱立有对联:孤轮桂影摇傍水助他得月,斜汉文光动排云容我聚星。朝南两柱对联为:四海聚游踪十里秦淮开画卷,一亭舒望眼满天星斗换文章。

"思乐亭"亦名"钓鳌亭",有勉励考生奋发努力,日后功成名就,犹如钓得深海中大鳌之意。思乐亭旧址在聚星亭西侧,形制为石制方亭,现移建于东市中部,亭上有两副对联,一联为:"一带秦淮河,洗尽前朝污泥浊水;千年夫子庙,辉兼历代古貌新姿。"此联为当代吴桢所作。另一联为:"大江南北消磨多少豪杰;伤心千古秦淮一片烟月。"此联出自元代词人萨都剌的《念奴娇·石头城》。

大成门内的"礼""仁"砖雕

"天下文枢"牌坊为三间四柱,明间斗拱七踩六朵,次间斗拱七踩四朵。现在的"天下文枢"四字乃集颜真卿手迹。"天下文枢"牌坊两根中柱上挂的是乾隆皇帝所撰的孔庙名联:允矣斯文,为古今中外君民立之极;大哉夫子,会诗书易礼春秋集其成。意思是:诚然可信啊,孔学为古今中外的君民建立了最高思想准则;恢弘博大啊,孔子汇总了诗、书、易、礼、史等各门学问。两根外柱对联为:源脉悠长,诗礼江山昭日月;人文荟萃,弦歌画舫又春秋。对联既讲述夫子庙的人文渊源,又描绘歌舞升平的繁华景象。此联书写者为当代书法家尉天池。

孔庙的第一道门为棂星门,由三座单间石牌坊组成,造型优美,石坊之间墙上嵌有牡丹图案的浮雕,中间石坊横楣"棂星门"三个篆字,造型朴实无华。棂星,本来称棂星,是天田星。汉高祖刘邦做了皇帝,为了风调雨顺,百姓安乐,就命令祭祀天田星,作为祭天的头等要事。到了宋代,儒家把孔子与天相配,所以在孔庙和儒学中,也都把祭祀孔子当做祭天,所以都筑有棂星门楼,用以祭祀孔子。

棂星门后的大成门,是孔庙的正门。因为孔子是中国古代文化集大成者,此门故名大成门。门前石狮雄踞,门左右辟角门。明清时代的大成门为五间,两侧为耳房,供执事人等休息之用,中为三门,因门内陈列戟,故又称戟门,东设鼓,西置磬,每逢朔望朝圣和春秋祭典,府县官员由中间的大成门进,士子执事人等分走两旁的持敬门。

孔庙棂星门与大成门

1986年新建的大成门面宽三间,门柱上是雍正皇帝题写的对联:"先觉先知,为万古伦常之极;至诚至圣,与两间功化同流。"门内正中有汉白玉屏风,上镌刻"重修夫子庙记"。大成门内两侧东、西两边分别刻有"仁""礼"。"仁"是儒家思想的核心,要求人们珍惜和爱护生命,要真诚待人,尊重别人,是孔子"为政以德"治国之道的体现。"礼"是儒家推崇的做人、做事准则,将"礼"作为调整人与人及社会内部关系的一种手段,是治国安邦的根本,也是孔子

"为国以礼"思想的体现。由于各朝代统治者关注祭孔活动,孔庙的匾额楹联讲究规范。

大成殿是夫子庙的主殿,高16.5米,阔28.4米,深22米,建筑面积617平方米。殿内正中悬挂一幅全国最大的孔子画像,高6.5米,宽3.15米,系当代画家王宏喜参照吴道子所画孔子像绘制而成。像下设木龛,龛内设"大成至圣文宣王先师"牌位。两边立有孟轲、曾参、颜回、孔伋四亚圣汉白玉像。殿内陈设编钟、编磬等十五种古代祭孔乐器,定期进行古曲演奏。巍峨庄严的大成殿,重檐飞翘,斗拱交错,龙吻脊中有双龙戏珠立雕。"大成殿""大成门"匾额均为时任国务委员姬鹏飞书写。大成殿门柱对联为:删述六经,垂宪万世;德侔(móu)天地,道贯古今。

大成殿内四周是38幅反映孔子生平事迹的镶嵌壁画,称为"孔子圣迹图",形神并具。东、西两边上端高挂八幅匾额,分别是:咸丰所题"德齐帱载"、嘉庆所题"圣集大成"、雍正所题"生民未有"、蒋介石题写的"有教无类"、宣统所题"中和位育"、道光所题"圣协时中"、同治所题"圣神天纵"、民国大总统黎元洪撰写的"道洽大同"。"道洽大同"原为黎元洪大总统于1917年为北京孔庙所书,意为公布宣扬儒学为人间正道之学,谓崇儒家学说可成就大同世界。

大殿正中是孔子全身画像。画像上方是康熙所题"万世师表"匾,意为孔子是千秋万世的老师和表率。两边匾额分别是乾隆所题"与天地参",意为赞誉孔子品德与天地并而为参;光绪所题"斯文在兹",意指世间所有文化盖源于儒学创始人孔子。

孔子画像两边对联为:气备四时,与天地鬼神日月合其德;教垂万世,继尧舜禹汤文武作之师。上联称赞孔子道德崇高,谓其德行与天地相合,其光辉与日月相等,其进退与四季代谢一样整然有序,其奖罚与鬼神所降的吉

大成殿前的丹陛

凶相应。下联概括韩愈《原道》："尧以是传之舜，舜以是传之汤，汤以是传之文武周公，文武周公传之孔子。"联语气势恢宏，符合孔子这位"万世师表"的思想家、教育家的崇高地位与身份。此联出自康熙，书写者是当代书法家尉天池。

孔庙大成殿前的中心庙院

大成殿内孔子画像

大成殿，殿东开有小门，通往清江宁教谕、训导二署，署前有宦乡祠、士绅祠。大成门与大成殿间的中心庙院，植有银杏八棵，古灯对称有致，中间一条笔直的石砌甬道通向大成殿前的丹墀（chí），此丹墀是祭孔时举行乐舞的地方，正中竖立一尊青铜孔子塑像，高4.18米，重2500公斤，是全国最大的孔子青铜像。两旁石阶有每尊高1.80米的仲由、言偃、宰予、冉雍、赐木端、冉求、冉耕、闵损八大弟子汉白玉塑像东、西两边侍立。

中心庙院被东、西两庑碑廊环抱，庑墙上镶有三十块由赵朴初、林散之、沈鹏、武中奇等著名书法家撰写的墨宝真迹碑刻。碑廊里陈列着被誉为"中华一绝"的雨花石展览。大成殿内也经常举办其他历史文物和艺术品展，宣传中华民族的悠久文化。

孔庙已成为富有明清建筑风格的十里秦淮风光带上的一个重要景点。它以大成殿为中心,从照壁至卫山南北呈一条中轴线,左右建筑对称配列,四周围以高墙,配以门坊、角楼,占地约 26 300 平方米。复建孔庙同时修建东、西市场,主要提供南京地方特色工艺商品。每年农历正月初一至十八,夫子庙地区都要举行灯会,秦淮河边人山人海,水泄不通。如果要避开人流,欣赏花灯精品,当然还是要到孔庙里面去好好看看啦!

大成殿内东侧的四块横匾

西市

71 复建后的学宫

复建孔庙的同时，也复建了其后的学宫，包括明德堂、尊经阁、青云楼、崇圣祠等古建筑。

南京办学，起于东汉。我国古代教育的几种形式——太学、府学、县学、书院、义学等，南京都有，而且，在建都于此的几个朝代里，南京还往往成为全国教育的中心。太学为全国的最高学府。南京的太学，始于东晋，南唐在御街之东、秦淮河滨设国子监。明初于鸡笼山下建国子监，除本国学生外，还吸收日本、高丽、琉球、暹罗等国家和地区的留学生。

先贤卜子像

府学，相当于省级学校。宋时，南京先为江宁府，后改建康府，1029 年建府学。元代路学，相当于府学。清时，将明国子监改为江宁府学。县学为县级学校。上元、江宁、句容、溧水、溧阳诸县，曾属南京，皆有学校。清时，以宋代府学夫子庙为上元，江宁两县的县学，规模最大。另外，书院也是我国古代社会的最高学府。

孔庙学宫一直是教育圣地，是江苏省最高的学府，是学子登科出人头地必须跳跃的龙门，也是地方教育、文化、人才的发源地。明代之前，学宫是为科举输送考生的途径之一。明代之后，进学宫学习成为科举的必由之路。许多学子本着"万般皆下品，唯有读书高"和"圣贤之地、读圣贤书、成圣贤之士"的愿望，来到学宫进行学习和生活。"地处庙内深幽处，悠悠传来读书声"，指的就是学宫内学子们学习和生活的场景。

孔庙学宫，先属府学，后为县学，属当时"名校"。科举废除后，书院讲学之风未息，学宫旁尊经书院久负盛名，后又辟学宫中之青

复建后的学宫

孔庙学宫正门

云楼、崇圣祠和依仁、游艺两书斋,开办幼幼小学。

学宫位于大成殿后街北,其大门为"东南第一学"门坊。大门西边立有先贤卜子像。卜子生于公元前 507 年,姓卜名商,字子夏,位列孔门四科的文学科,为"孔门十哲"之一,开创的"西河学派",在传播儒家经典、发扬儒家学说以及培育具有法家特色弟子方面都有卓越贡献。卜子被魏文侯尊以为师,也是孔门弟子中唯

学宫大门内侧

一做过帝师的弟子,被唐玄宗追封为"魏侯",被宋度宗晋封为"魏国公",被明世宗称为"先贤卜子"。

学宫大门内悬有"大明国子学"匾额。门内院落东、西两边分别为"习礼""仰圣"两亭,其内分别置有"青铜礼运钟"和"圣音鼓",钟、鼓均于1999年铸造,名称均由孔子第77代嫡孙女孔德懋题写。东、西两边分置"诲人不倦""学而不厌"石碑。

明德堂是学宫的主体建筑,初建于1034年,初名彝伦堂。1246年重建时由文天祥书重书堂名。"明德堂"其名也有取自《大学》开首之句"大学之道,在明德,在亲民,在止于至善"一说。科举时代秀才每月逢朔望都到这里听训导宣讲。明德堂门口悬挂着一副楹联,由国民党元老于右任先生题写"论古不外才识学,博物能通天地人"。意思是说:评论古今离不开才情和学识修养,博览万物方能通晓自然与社会规律。堂内还有一联:至乐无声惟孝悌,太学有味是诗书。

明德堂

明德堂前东、西两边分立《明代学宫碑》《清代学宫碑》,两块石碑分别由明代开国皇帝朱元璋、清代顺治皇帝,为教化天下,稳固政权,激励士子学人遵循儒学,规范全国学宫、府学、县学、书院学子们的学习内容及行为规范,又称"学宫条规",分别立于1369年和1652年。两块学宫碑的内容类似现在的大、中学校学生守则。

1986年,明德堂维修时又修复了两旁的"志道""据德""依仁""游艺"四斋。明德堂内现辟为雅乐宫,演职人员身着春秋时期的古装,以编钟编磬的器乐实物,配以打击的方式,演奏经典曲目。舞台正上方"金声玉振"四字匾额,为清代乾隆皇帝颁赐的。语《孟子万章》:"孔子之谓集大成。集大成也者,金声而玉振之也。"

学宫内"诲人不倦"碑　　　　学宫内"学而不厌"碑

现在,自孔庙大成门至学宫明德堂已封闭购票参观。明德堂后的尊经阁及卫山成为游客顿足休憩的好去处。

尊 经 阁

明德堂后的卫山原来较现在要大许多，明朝中期，平卫山后建尊经阁，以做教谕讲课之所，后几毁几建。1805年，两江总督铁保、布政使康基田捐资在原县学尊经阁旧址创建尊经书院，咸丰间毁于火灾。同治年间，曾国藩、李鸿章相继重建、扩建，阁东西各有课堂，设尊经书院以授学子。薛时雨为主讲，院中肄业者200余人。除师课外，官课由观察、知府、布政使、巡抚等命题，有课艺刊行于世。清末先后改为尊经校士馆、师范传习所。

现在的尊经阁系1989年复建，总高18.7米，建筑面积542平方米。匾额上"尊经阁"三字，为书法家萧娴书写。尊经阁外联为："修其天爵文光射北斗，教以人伦青灯照南楼。"还有一联："立德立言立功士称立志；有猷有为有守学必有师。"尊经阁现为夫子庙民间艺术大观园，并设孔子学府。

尊经阁有一土丘，名曰卫山，高处的敬一亭，单层单檐六角，此亭初建于1531年，供学子们课余休憩之用，后几经毁建，现系与尊经阁同期复建。"敬一"表示对孔子儒学崇敬之意。卫山下有依据宋拓本重刻的"天发神谶碑"，但复刻石碑较原碑已失神韵。

尊经阁东侧的崇圣祠、青云楼也于20世纪80年代重建。学宫甬道于1985年改造辟为东、西市场。东甬道外原有忠义孝悌祠及上元县教谕、训导公署，此遗址现为晚晴楼。西甬道外原有名宦乡贤土地祠及江宁县学师署，此

尊经阁正面

遗址现为聚星食品商店。

孔庙学宫培养出不少名人,除王安石、秦桧以外,民族英雄邓廷桢也是学宫的学生,他在学宫学习期间,熟读经史,谙熟诗词、书法,其书房悬挂一副著名的自警联:"满打算盘,绝无半点生机,饿死不如读死;仔细思量,仍有一条出路,文通即是运通。"他刻苦读书,26岁时考上举人,27岁时中进士。

尊经阁后的戏台及孔子学府匾额　　卫山上的敬一亭

1907年,时值"废科举,办新学",建于孔庙学宫旧址的夫子庙

夫子庙小学一年级新生开笔礼

小学是中国最早兴办的新式学校之一,也是全国唯一以"夫子"命名的小学,1958年迁至孔庙以西的现址。该校秉承孔子教育思想,注重国学教育,坚持以科研为先导,探索素质教育的校本模式,走出一条以"自主学习"为特色的素质教育新路,现已是南京市名校,每年新生入学,均在孔庙举行"开笔破蒙典礼"。

《筹措朝考盘费》碑

　　学宫大门与大成殿后门间开成院落,置有数块石碑。除《封四氏》碑、《封至圣夫人》碑、《集庆孔子庙》碑外,还有立于1886年的《筹措朝考盘费》碑,记载了李鸿章、左宗棠等人筹捐白银一万余两,作为江宁附属七县考生赴京会试公车经费的经过。另有一块《孔子问礼图》碑,是几经辗转才置于孔庙的。

73 《孔子问礼图》碑的来历

《孔子问礼图》碑,是一块少有的以图案为主的石碑。石碑图案刻于484年,记载了春秋末年奴隶制衰亡之际,孔子在公元前518年,出于对周王朝礼乐制度的崇拜,抱着"兴国安邦、济世访贤"的愿望,从家乡曲阜去周王城洛阳考察典章制度,寻求巩固鲁国奴隶主政权办法,途中拜访了精通周礼的老聃的经历。图中是二人驾车,一组身穿古装人物在城门前欢迎的场面,人物形象浑朴敦实,栩栩如生。左上端刻有"永明二年,孔在鲁入周问礼周流"的字样,图文清晰可辨,是难得的珍贵文物。

《孔子问礼图》碑

1932年,国民政府考试院院长戴季陶去洛阳出差,在古董市场上购得这块《孔子问礼图》石刻。《孔子问礼图》由乌石刻制,长68厘米,高43厘米。关于孔子问礼老聃,历史上实有其事,不少古籍都有记载,只是本传记载稍异,但对问礼一事则确认无疑。崇尚"克己复礼"的戴季陶如获至宝,将石刻带回南京,于次年命人凿石制碑镶嵌《孔子问礼图》,置于考试院大门内显著位置,周边专设花坛围栏并造有碑亭,意为师法孔子问礼之意。

新制成的《孔子问礼图》碑由碑头、碑身、碑座三部分组成,通高

220厘米,形象端庄、大方。全碑用苏州花岗岩制作,质硬面粗。碑额有"孔子问礼图,吴敬恒题"的题字。下部浅刻国民政府主席林森所撰铭文,由文官长魏怀书写,共10行166字:"洛阳,故九代名都。时有古物出世,残砖断碣,得者珍同拱璧。然土人工于作伪,市上所陈,半皆赝品,罕觏其真者。季陶同志去岁入洛,得永明二年石刻《孔子问礼图》一方,完整无缺,画法、刻工朴茂无比,石文斑驳而又极其润泽。金石家谓,乃石刻久湮于水中者,断非伪造所能及。今季陶特为建亭于考试院,用资保护,且藉以昭示先圣求礼之殷。以余驻洛经年,亲见其值此奇逢,属为之记。余亦喜环物之得主也。爰述其缘起如此。"落款为"闽县林森撰文""闽县魏怀敬书"两行。时间为"中华民国二十二年十月十日"。石碑反面为戴季陶的记述,计3行29字:"礼以节众,乐以和众。建国育民始于是,复兴文化在于是。愿与国民共勉之。"落款为"戴传贤书问礼亭碑阴"。

《孔子问礼图》碑的铭文

1933年,石碑运到南京刻石筑亭之时,正值第二次高等文官考试,还发起了"以礼运篇分韵征诗"活动。著名文人卢前分得"疾"字并作诗一首:"世乱如人病膏肓,不医何由起废疾。医国良方在六经,经旨惟礼不可失。永明一片石犹存,我常访之游洛日。……是年移载向南都,树立华林馆之侧。他时郅治跻成康,请视此亭与此石。"

新中国成立后,民国考试院成为南京市人民政府所在地。1966年,"文化大革命"开始,中国大地席卷一场如火如荼的"破四旧"浪潮。南京大专院校的"红卫兵小将"把凡是他们认为是"四旧"的东西都贴上了限期拆除的"勒令",眼看《孔子问礼图》碑难逃厄运。有人将《孔子问礼图》碑移埋保护在市档案局24号楼后面的山坡树丛下。因怕人追问石碑,碑亭于1968年被拆毁。1976年底,石碑被运至位于朝天宫的南京市博物馆,交由市文管会保管。石刻有碑文的正面向着墙壁,安然度过了"文革"的动荡岁月。

"文革"结束后,南京市政府重视历史文化名城的建设。1985年,夫子庙大成殿、大成门、尊经阁等主体工程完成后,经市政府批准,在朝天宫宫墙根静卧十数年的《孔子问礼图》碑运往夫子庙,入驻大成门,竖立在门内左侧贴墙的显要位置,供人观赏。

现南京市人民政府大院大门内约30米处、东西绿岛中间一片水泥地坪上还留有碑亭地基的影子。往事依依,《孔子问礼图》碑作为少有的图碑,能够完好保存至今,实属不易。

立于国民政府考试院内的问礼亭及《孔子问礼图》碑

74　夫子庙的佳联雅对

　　夫子庙历史悠久，许多文人墨客都留下名联。新中国成立后，特别是夫子庙扩容后，又向社会征集了许多佳联。本书前章已多有表述，现再辟专节，以飨读者。

　　本世纪初，夫子庙景区扩容后，又增加了数座牌坊，并在牌坊上书对联，为景区增加了人文底蕴和文化气息。草书"古秦淮"三字为南京某老领导于上世纪所书，许多人难以辨认，后由赵朴初楷书，现在这草、楷两种字体的"古秦淮"分别对刻在贡院街东、西牌坊两边。其余牌坊上"南京夫子庙"为赵朴初1986年题写。

夜色中的贡院街西牌坊

贡院街西牌坊：

　　外联：都是主人，且领略六朝烟水；暂留过客，莫辜负九曲风光。

　　此联出自晚清名儒薛时雨。薛时雨是安徽全椒人，咸丰三年进士，官至杭州知府，卸任后在南京掌管崇文书院、尊经书院，后来主讲惜阴书院16年，桃李满天下。有人认为"主人""过客""烟水"之词有描写"妓院"之赚，这应是后人歪解。

内联：十代名都，融古今文化；三吴胜地，聚南北俊才。

此联出自蒋文良。"三吴"有广义和狭义之分。广义为下吴、中吴、上吴合称，包括长江中下游的江苏南部，浙江、安徽南部，江西；狭义指的是吴郡、吴兴和会稽三郡，即今江苏南部、浙江东部地区，包括江苏省的苏州、无锡、常州和浙江的湖州、杭州、嘉兴等地。此处"三吴"应泛指两江总督所管辖范围。

贡院街东牌坊

贡院街东牌坊：
外联：淮水通幽，灯摇画舫载歌去；桃津临市，月酿新诗带韵归。
内联：十里繁华，邀九州俊彦；六朝逸韵，扬千载文光。

两副对联意思相近，均描绘出古老秦淮流光溢彩、歌舞升平的繁荣景象，以及文人辈出、博大精深的文化底蕴。

贡院街牌坊上的草书"古秦淮"

建康路北牌坊：

外联：十里秦淮咸集九州韵士；六朝胜迹铭镌千载风流。

内联：月近秦淮曾盛事当年灯影桨声连十里；天低吴楚又酣歌何处山光水色总千秋。

夫子庙建康路北牌坊

长乐路南牌坊：

外联：忙里偷闲，倚看一带清波流来流去；闹中取静，坐论十朝人物孰是孰非。

内联：棹放东西清波五里翠柳五里合成十里秦淮风；桥边南北灯火一分笙歌一分并作二分照月色。

夫子庙长乐路南牌坊

瞻园路西牌坊：

外联：一代宗师德泽绵绵延后世；六朝胜地人文燦燦照中华。

内联：再葺越前时崇楼绮丽一水秦淮风骨秀；重辉帏盛世古殿雄姿千年圣祀物华新。

江南贡院牌坊：

外联：圣朝吁俊首斯邦看志士弹冠而起；天府策名由此地喜英才发轫而前。

此联出自李渔，意思是说：本朝招延俊士，第一个看重的就是这里，总看见决心为国效力的志士踊跃来应试；到朝廷去做官，必须经由贡院考试成功，为英才们一生的事业在这里启程而高兴。此联带有浓郁的封建官方色彩。

内联：十载辛勤变化鱼龙地；一生期许飞翔鸾凤天。

江南贡院牌坊的内联

江南贡院牌坊的外联

此联出自李渔，意思是说：古往今来，安得新朝学优者不仕，众云万般皆下品唯有读书高，亘古不易，十年寒窗无人问，一朝成名天下知，不知多少考生指望在此一举成名进入仕途，他们跨进这座贡院大门的时候，也就将一生宏图大志、美好期望都寄托于此。

夫子庙景区内还有些佳联，如东水关牌坊的"佳水佳山，佳风佳月，千秋佳地；痴声痴色，痴梦痴情，几辈痴人。"此联出自朱元璋。夫子庙的许多饭店、商号门口也都置有对联，就不一一枚举了，还是请游客亲临品味吧。这些对联凸显出夫子庙浓郁的文化气息。

75 秦淮花灯

元宵节除了吃元宵,最核心、最重要的内容就是观花灯了,即所谓正月十五闹灯会。每年正月,夫子庙都有灯会。

一般认为,灯节起于西汉。到了唐朝,赏灯活动逐渐兴盛了起来。唐朝诗人卢照邻的《十五夜观灯》中称,"接汉疑星落,依楼似月悬",从中可见当年元宵灯会的盛况。宋朝的灯节更加热闹,还有猜灯谜活动,活动要持续5天。南京早在南朝时期就有元宵灯会,当时的盛况堪称全国之冠。

20 世纪 40 年代的灯市

朱元璋定都南京后,对灯节最看重,嗜好灯会。史载,朱元璋为庆贺定都后的首个元宵节,特招徕天下富商,放灯10日。当时的南京城内盛搭彩楼,并在秦淮河上燃放水灯万盏,一时蔚为大观,享有"灯彩甲天下"之美誉,著名的秦淮河"灯船"也随之蜚声天下。

明初的灯市主要在三山街一带,后因夫子庙扩建贡院,歌楼、酒馆、客栈等随之而建,游帆舟旅,过往不断,夫子庙成为古城中独特的闹市,灯市逐渐移至夫子庙,600多年来兴盛不衰。

明朝中叶以后,赏花灯成为时尚,灯市官宦之家多不惜巨资争购奇巧花灯,以待灯市之用,争奇斗艳逞富。据载,有一种将彩灯堆叠成像传说中的巨鳌形状,名为搭鳌灯,费用已逾千金,已非一般富裕人家可比拟。灯市的穷极奢侈,在明朝屡见不鲜,不唯京师,诸如金陵(南京)、绍兴等地,莫不如此。民间花灯淫巧,极尽奢侈,有时一盏灯要做两年。

明朝的灯节时间延长到10天,是最为兴盛的时期。到清朝,灯节减为3天,盛况稍衰,但灯会的节目内容愈加丰富。元宵花灯,材质有楮练、纱帛、鱼鮌、头皮、料丝诸品,形状有三星、八仙、聚宝盆、皮球、西瓜、草虫、金鱼等,还有楼船灯以玻璃条为之,其他绢制之灯,作花鸟虫鱼之状,惟妙惟肖,另外还有灵巧的走马灯。

在灯节期间,从早到晚都是"市",从夕到明都是"灯"。灯市里,有从各地来的商贾,有古今中外的珍异,有三代八朝的古董,有各阶层人物的用器。衢三行,市四列,所谓以九市开场。市里挤满着人,连身子都不能旋转。据阿英的《灯市·金瓶梅词话风俗考之一》一文记述:"市楼,大都是南北朝向,到夜晚,每家挤满着看灯的人。其间,特别在门前挂上帘幕的,那里面的人,一定是勋家、戚家、宦家、豪家的眷属。一到晚,就张灯奏乐。""巷陌桥道,皆编竹张灯,并扎彩排楼。"

民国末期的灯市

新中国成立后,三山街灯市渐废,夫子庙灯市犹存,即使"文革"期间也未泯灭。现在的夫子庙灯会都是南京过年的重头大戏,花灯品种多以荷花、蛤蟆、飞机及生肖、动画人物为主,有的加以科技手法,扎裱技艺不断提高。

秦淮花灯

夫子庙灯节依旧热闹,从初一上灯,到十八落灯,火树银花,流光溢彩,每年都吸引着众多游客前往观灯,常常挤得水泄不通,需要大批警力来维持现场秩序,"家家走桥,人人看灯","今夜星光灿烂",盛况与明时无异。

岸边的花灯将秦淮河装扮得如诗如画

夫子庙现已经扩展至"十里秦淮"东侧五里地段,核心区域包括夫子庙、瞻园、白鹭洲公园、吴敬梓故居陈列馆、江南贡院陈列馆、中华门瓮城展览馆及中华路、平江府路、瞻园路、琵琶路一带。灯节期间，夫子庙热闹非凡，许多平常不多见的民间工艺也一展风采。

中国非物质文化遗产国家级传承人顾业亮正在制作花灯

秦淮花灯成为孩子们春节的必备礼物

76 民间工艺

　　夫子庙灯会是南京地区的特色民俗文化活动,又称"金陵灯会",灯会不仅是灯的海洋,也是民间艺术大显身手的舞台,南京本土和外来的文化艺术贯穿于灯会中,构成其艺术内涵,精彩纷呈。除灯会之外,夫子庙经常举办活动,常年展示极具南京地方特色的民间工艺。

剪纸艺术家张林娣正在剪纸

　　南京剪纸在明代初年已流行民间。旧时南京人婚嫁喜庆,多聘请艺人用大红纸剪出各式喜花,缀于箱、柜、被、枕等嫁妆之上,其他如斗香花、鞋花、门笺等品种,都具有鲜明的地方特色。其艺术特点为花中有花、题中有题、粗中有细、拙中见灵,如喜花之类,大都在特定的花纹外廓内,围绕主题,根据内容需要,填满散花散叶,和谐地构成完整的图案,显得美满充实,喜气洋洋,含义丰富。

　　南京剪纸融北方剪纸的粗放和南方剪纸的细腻为一体,艺人不用画稿,全凭心中构思,运剪又运纸,线条流畅,连绵不断,犹如

"一笔画"而一气呵成,创造了独一无二的"斗香花"刻纸,一种花纹,一次刻成,却可以拼出呈现七种不同彩色的艺术效果。

民国初期,武老太、马志宏、张吉根等著名剪纸艺人先后到南京挂牌剪纸,夫子庙的"上海""皇后"花样花线店就是当时著名的剪纸店铺。南京民间剪纸与文人文化紧密结合,在浓浓的乡土气息中透露出强烈的装饰艺术效果,形成了独有的南京地域风格。

非物质文化遗产传承人余顺宝正在烙画

烙画又称烫画、火笔画,即用火烧热烙铁在物体上熨出烙痕作画。烙画创作在把握火候、力度的同时,注重"意在笔先,落笔成形"。烙画不仅有中国画的勾、勒、点、染、擦、白描等手法,还可以烫出丰富的层次与色调,具有较强的立体感,酷似棕色素描和石版画,因此烙画既能保持汉族传统绘画的民族风格,又可达到西洋画严谨的写实效果,使其具有独特的艺术魅力,因而给人以古朴典雅、回味无穷的艺术享受。

除此之外,抖嗡、风筝、微雕、绳结、皮影、拉洋片、魔术、竹刻、绒花、兽舞等民间工艺巧夺天工,还有南京白局、吊吊戏等具有地方特色的表演,都能使你回味过去,追忆童年。

每近春节,南京街头不时传来"炸炒米"的吆喝声,成群的孩子提着篮子簇拥着围去。只待那"砰"的一声,膨开的米花成为孩子

解读夫子庙

民间艺人王玉江正在捏泥人

们的美食,老远就能闻到浓浓的香味,这米香是年味中不可缺少的,但现在几乎难觅踪影了。值得回忆留念的远不止这些!一些老字号已经消失,一批新品牌正在打造。

如果你还想更加深入地了解"老南京",那就再到夫子庙周边去逛逛吧!

夫子庙周边的主要景点

夫子庙是南京的旅游品牌，不断地升级扩容，各项旅游功能更加完善，也带动了周边景点的形成和发展，老门东、中华门城堡等景点甚至与夫子庙景区已融为一体。

老门东

一、老门东

老门东因位于中华门以东而得名，北起长乐路，南抵明城墙，西沿内秦淮，东接江宁路，与夫子庙一街之隔，从李香君故居步行至老门东只需 3 分钟。门东地区自古商贾云集、人文荟萃，剪子巷、箍桶巷、三条营、中营、边营、张家衙、五板桥、新民坊等老街小巷古色古香，散发着浓浓的"老南京"味。许多夫子庙的老字号也都搬到老门东老店新开。

老门东历史底蕴深厚，骏惠书屋、上江考棚、蒋百万故居、傅善祥故居、王伯沆故居、周处读书台、芥子园等遗迹旧址,有的保存完好,有的正在复建。正如一家老店对联所云:"忆江南,山清水秀一草一木皆为画;看门东,街曲巷直古色古香全成景!"

中华门城堡上舞龙

二、中华门城堡

举世闻名的南京明城墙,是明太祖朱元璋于1366年到1393年期间在历代城池的基础上扩建而成的。整个城墙从里到外由宫城、皇城、京城和外郭四道城墙组成。京城城墙全长35.267公里,设13座城门及东、西两座水关,至今仍保存了25.091公里的长度,是世界上保存最长也是保存得最完整的都城城墙。

中华门又称聚宝门,为南京明城墙京城正南门,也是内城中规模仅次于通济门的瓮城城门。中华门是中国现存规模最大的瓮城,也是世界上保存最完好、结构最复杂的堡垒瓮城。从中华门城堡拾级而上,就可以沿着城墙环游南京,东行可至武定门、东水关,西行可至西水关、集庆门。

三、甘熙故居

甘熙宅第又称甘熙故居或甘家大院,始建于清嘉庆年间,俗称

"九十九间半",与明孝陵、明城墙并称为南京明清三大景观,具有极高的历史、科学和旅游价值,是南京现有面积最大、保存最完整的私人民宅。

甘家是梨园世家,戏曲大师梅兰芳经常光顾此地,黄梅戏表演艺术家严凤英是甘家三子甘律之的妻子。

甘熙故居现为南京民俗博物馆,几经修缮重现了当年的结构和体量,整个甘熙宅第划分为梨园雅韵、津逮书香、往日庭院、梦回童年、城南旧影和金陵工巧六个主题片区,重现老南京民俗民情,突出展示非物质文化遗产的巨大魅力。

四、武定门公园

武定门公园位于武定门外以南的明城墙与秦淮外河之间,东西宽15~18米,占地45 000平方米,公园以广场、绿化、仿古建筑为主。武定门以南约600米的城墙内,有两层约600平方米的内部空间,是南唐金陵城"伏龟楼"遗址。明城墙新开雨花门,穿过此门,继续沿着城墙往中华门方面前行,就是"青梅竹马""两小无猜"的发生地——长干里。

胡家花园旧影

五、胡家花园

胡家花园位于南京城西南的门西地区,前临鸣羊街,后倚花露岗,是清代知府胡恩燮于1875年辞官归乡所建,取"大智若愚"之意又名"愚园"。胡家花园南北长约240米,东西宽约100米,由宅院和园林两部分组成。整个花园以水石取胜,曾有水石居、依琴拜石之斋、青山伴读之楼、渡鹤桥、在水一方、小沧浪、岩窝、竹坞、柳堤、梅岭、飞虹阁等36处景观,号称城市山林,是晚清南京城中最好的私家园林,有"金陵狮子林"之称,其造型甚至可以与号称"金陵第一园"的瞻园相提并论,建筑价值也绝不逊色于"九十九间半"的甘熙故居。

1915年,胡恩燮嗣子胡光国继承愚园后,重整家园,又添上三十四景,因此愚园有前后七十景之说。但由于民国时期的频繁战事,胡家花园在民国后期"今已久废,池水亦垂竭矣",胡家祠堂年久失修、古色黯然,"隔岸望课耕草堂,风景似在村落间"。现在,胡家花园已结合门西地区改造,按照当初的私家园林格局进行复建,再现当年风采。

以上景点均位于南京城南地区,加上东关头沿河景观改造和即将建成的金陵大报恩寺琉璃塔暨遗址公园,这些景点以夫子庙为核心,共同展现古都文化,打造老南京的旅游精华。如果能在这里住上两三天,细细地体味这些景点,对南京将会有更加深入的了解。

"十里秦淮千年流淌,六朝胜地今更辉煌!"

后 记

　　在夫子庙居住已近30年,几乎走遍了其间每一条大街小巷,有时接待亲朋好友,义务做导游也近百次,对夫子庙接触得越多,就越发产生进一步了解的兴趣。通过此次编写,接触到较多文献史料,在发掘历史典故、人文轶事的同时,深感夫子庙历史文化底蕴的厚重,除孔庙、学宫、科举之外,还蕴含着建筑、饮食、园林、青楼、茶馆、曲艺、古玩、民俗及民间工艺等多种文化元素,内涵之庞杂,体系之有序,真可谓博大精深,几乎囊括了整个南京文脉。夫子庙近乎是南京历史的缩影。

　　《解读夫子庙》是《解密总统府》的姐妹篇,两书从不同角度,各有侧重,共同讲述南京典故,诠释历史文脉。本书以时间为序,力求将夫子庙景点遗迹与历史人物及事件结合,使读者能够生动形象地对夫子庙有所系统了解。由于所读史料有限,对历史遗迹、名人逸事理解深度和表达力度未必详尽到位,如有不足之处,敬请谅解和指正。

作者于魁星亭

2015年12月16日